私の西郷どん

井手窪 剛
Gou Idekubo

方丈社

私の西郷どん――目次

5 残火——新政府の西郷どん

6 帰郷——鹿児島私学校・西南戦争の西郷どん

1

辛苦

――幼少時の西郷どん

内村鑑三

西郷少年のこと

西郷の風貌について、生涯、ついてまわったのは体軀の豊かさと、黒目がちな大きな眼であった。しかし、「ウド」とは身体の大きさと共に、いつしか「強さ」「偉大さ」をも表わすようになった。

西郷の家は誇れるほどの名門ではなく、薩摩という大藩の中では下級の家柄であった。男四人、女二人の六人兄弟の長子で、子供のころの彼はあまり目立たず、おっとりとして、無口なウスノロと馬鹿にされていた少年だった。

その少年の魂に初めて義務の意識を芽生えさせたのは、遠縁の者の切腹を目の当たりにした時だった。その男はまさに腹に刀を突きさす寸前、命というものは主君と国に捧げるものだと、この若者に向かって語ったのだ。若者は泣きながらも、その時の強い印象が生涯けっして消えることはなかった。

若者はやがて、大きな眼と広い肩を持った青年になった。どんぐり眼《まなこ》が大きいため、「ウド目」というあだ名がつけられた。力持ちで。相撲をとるのが大好きだった彼は、ひまがあれば好んで山を歩くという、その習慣は生涯変わらなかった。


（内村鑑三『代表的日本人』）


西郷は若い頃、「太目《うどめ》」「太身《うどみ》」「太肝《うどぎも》」というあだ名があった。

彼は八、九歳ですでに、体が同年齢の子供に比べて大きく、長じてのちも、仲間うちでは「ウド」と称され、後輩は「ウドさあ」と畏敬の念をもって呼ばれた。このあだ名は、作家の海音寺潮五郎など鹿児島出身の人々も引き合いに出しているため、地元でも広く知られたことであった。

内村は、若かりし頃の西郷の評判をして、「ウスノロ」と表現しているが、「ウド」というあだ名をさして、そう言っているのだろう。ただ鹿児島でいう「ウド」とは、「ウドの大木」という比喩にあるような、巨漢だが役に立たない、という意味ばかりではない。〝強さ〟が尊ばれる薩摩藩では、〝偉大さ〟をも表していた。

西郷は日ごろ無口で、にぶそうにも見えたようだ。近隣の郷のわんぱくから狙われることもあった。ある時、近所のわんぱく小僧たちが、どんぶりに入れた豆腐を傷めないように、おそるおそるもって歩いていた西郷に、四つ角《かど》に隠れて、大声で脅かした。

西郷は不意をつかれて驚いたが、それでもどんぶりを落とさぬように、両足をふんばって体勢を立て直した。

彼は「太目」でわんぱく連中をみまわすと、まず、にっこりと笑った。意表をつかれた小僧たちが、一瞬、とまどった隙をつき、どんぶりをそばの石垣に置き、

「おぉいっ、本当にひったまげた――ッ」

と大声で驚かせた。わんぱくたちは拍子を外されてあっけにとられ、それをみた西郷はそのまま、どんぶりをさげて去っていったという。

この、人を圧倒する風貌は、西郷の生涯もちつづけた強味であったといえよう。

内村鑑三（うちむら・かんぞう）一八六一～一九三〇
明治から昭和前期にかけての宗教家、思想家。上野高崎藩士、内村宜之《よしゆき》の長男として生まれる。明治十年（一八七七）、札幌農学校に二期生として入学、キリスト教の洗礼をうける。明治十七年、渡米してアマースト大学に入学。帰国後の明治二十三年、第一高等中学につとめたが、翌年、不敬事件で辞職。「万朝報《よろずちょうほう》」記者となり、

明治三十三年、『聖書之研究』を創刊。聖書研究会を主宰し、無教会主義をとなえた。足尾銅山鉱毒反対運動にもかかわり、日露戦争では非戦論を主張。著作に『余は如何《いか》にして基督《キリスト》信徒となりし乎《か》』『代表的日本人』など。

西郷覚左衛門

少年の心に宿る暗い影

西郷の人生観、死生観に決定的な影響を与えた西郷覚左衛門。終始、〝死〟に惹かれつづけた西郷の背景には、無念の切腹を遂げた、この大伯父の姿があった。

「叔父（正しくは大伯父・覚左衛門）落命の段、申し来《きた》り、悲歎に沈み申し候。是《これ》ほどだけにも我々、不幸の者、如何《いか》にして天理に叶《かな》い申す間敷《まじく》、兇変勝《がち》の身の上、御苦察《さっし》下さるべく候」

（安政三年十二月一日付　市来正之丞《まさのじょう》＝妹婿あて書簡）

西郷の幼少期、西郷家が赤貧洗うが如き貧しい生活を送っていたことは、よく知られている。西郷家の家格は、御小姓与《ぐみ》。父の吉兵衛は、勘定方小頭――薩摩藩の小役人であった。にもかかわらず西郷家では、祖父母に吉兵衛夫妻、三男四女に使用人も加え、十六、七人の大人数であった。だが、それだけが貧困の原因ではなかったのだ。

西郷の祖父・龍右衛門は、本来、西郷家の当主ではなかった。彼の兄・覚左衛門が西郷家を継承、龍右衛門は一度、村山家に養子に出ている。ところが、江戸に派遣された兄の覚左衛門が切腹するという事件を起こし、当主が不在となったため、龍右衛門は西郷家に復帰したのである。覚左衛門切腹の原因は、いまだにわかっていない。

寛政五年（一七九三）八月、覚左衛門は江戸で処断され、その長子・吉左衛門も父の罪によって親戚預かりとなった。この段階で、西郷家は士籍を剝奪《はくだつ》されている。事の真相は、いまもってよくわからない。しかし、家難にあった西郷家の断絶の危機に際して、再興をまかされた龍右衛門の、苦闘のほどは察せられよう。

事実、龍右衛門の家督相続は、兄・覚左衛門の切腹から十五年もの間、公式には認められていない。文化四年（一八〇七）、ようやく龍右衛門は御小姓与《おこしょうくみ》の身分に復帰している。この龍右衛門は、孫の西郷が二十五歳になるまで同居していた。冒頭の書簡を読めばわかるが、西郷は覚左衛門の死の真相を、祖父から聞かされていたのであろう。

西郷は覚左衛門のことから、「不幸の者」「兇変勝の身の上」と自らを思い定めていた。

また西郷は、ずっとのちの明治六年（一八七三）、下野するおり、弟の従道の妻キヨ（得能《とくのう》良介の長女）に、「高輪・大円寺（現在は杉並区和泉に移転）に墓のある、覚左衛門という方は切腹されて、気の毒な方であるから、御命日は必ず墓参してくれ」とわざわざいい残していた。

西郷は覚左衛門を「気の毒な方」と述べている。大伯父の、理由も明らかにされることのないような切腹が、西郷の幼少からの心象に強く焼きつけられ、その生涯を通して彼が持ちつづけた、「死への願い」とでもいったような潔さへの、大きな要因となったように思われてならない。

御存じの通り、身命《しんめい》なき下拙《げせつ》にござ候へば、死する事は塵芥《ちりあくた》のごとく、明日を頼まぬ儀にござ候間、いづれなり死の妙所を得て、天に飛揚《ひよう》いたし、御国家（薩摩藩）の災難を除き申したき儀（下略）。

これは、西郷が生涯、敬愛した主君・島津斉彬の家督継承をめぐるお家騒動＝「お由羅《ゆら》騒動」の中で、西郷が目黒不動尊にかよい、一心に祈ったおりの言葉だが、西郷の根本に「死を鴻毛《こうもう》の軽きにおき、生に執着しない」という、古来からの武士の嗜《たしなみ》とは同一に語れない、もう一つの深い闇が、彼の心中には育っていったのではないか、と思われる。

西郷覚左衛門（さいごう・かくざえもん）　?～一七九三

薩摩藩の下級武士、御小姓与。幼名は小太郎、通称は、はじめ吉左衛門、のち覚左衛門。江戸勤番中、藩命により寛政五年（一七九三）八月十日（大円寺過去帳では十一日）、切腹。士籍剥奪をされた。

西郷従道

弟の眼から見た西郷どん

われ、兄に及ばず――兄の偉大さの陰で、ひたすら愚直にその後姿を追いつづけた十六歳年下の弟。しかし、兄の下野には従わず、明治政府にあって国政への貢献につとめた。

何時の頃にやありけん、廟堂の風雲、甚だ面白からざるに当り、流石横着なる侯も、憂悶に堪へず門を閉ぢて屏居しける時、或人に向ひ、『斯る時兄ならば、既に鹿児島に帰り、未知を手にして、生れた優に還つて居る所だが、吾は未だ其境にまでは達しかぬる』と語り了り大息せし事あり。

（安田直『西郷従道』明治三十五年　国光書房）

西郷の三弟として生まれた従道《つぐみち》は、通称を信吾《しんご》といった。十六歳年下の彼は、生涯、冒頭の

言にあるように、兄の吉之助隆盛（もっとも本当の諱《いみな》は隆永《たかなが》だったが）の跡を追いつづけていたようだ。そのせいというわけではないが、兄の隆盛を〝大西郷《だいさいごう》〟と呼び、弟の従道を〝小西郷《しょうさいごう》〟と呼ぶことがある。

ちなみに弟の従道も、兄と同じように（「吉井友実」参照）、維新後の戸籍登録時、本来の名を「隆道《たかみち》」であるにもかかわらず、字を問われて「りゅうどう」と音読みしたのが聞き間違えられて、「じゅうどう」＝「従道（つぐみち）」と登録されてしまった、との逸話がある。

それはともかく、明治十年（一八七七）、兄に先立たれてしまった彼には、常に思考回路として、

「こんなとき、兄ならどうしたか」

という考えが、ついて回ったようだ。

その萌芽は、すでに若い時からあった。

すでに触れたように、貧しかった西郷家では父母に先立たれて以来、兄の吉之助が大黒柱だった。家族思い、弟妹思いで知られる吉之助だが、自ら教育の責任があるためか、弟妹に対しては厳格だった。信吾らは、兄の前では寝転んで雑談することもできなかったという。

家長である吉之助は、年の離れた弟妹たちに、兄というよりは半ば、父親としてふるまっているつもりだったのだろうか。

こんなエピソードがある。

信吾が、まだ兄の吉之助と同居していたある日、吉之助が多少の銭を得たことから、信吾に命じて、豚肉を買いにいかせた。

信吾は、久しぶりに美味しい肉が食べられることを楽しみに、走って豚肉を買い求めてくる。するとと吉之助は、帰ったばかりの信吾に再び命じ、今度は砂糖を買いにいかせた。信吾は、兄の命令を渋ったりしない。指示どおりに砂糖を手に入れて帰ると、今度は西郷が、葱《ねぎ》を買ってこいという。

さすがに焦《じ》れた信吾は、三度目の遣いにでて、急ぎ走って戻った。すると吉之助は、なんと弟が帰るのを待たず、悠々と肉を食っているではないか。信吾が鍋の蓋をとってみると、すでに肉は一かけらも残されていなかった。

あっけにとられる信吾をみた兄は、

「おまえは葱だけで十分だ」

と、大笑したという。

薩摩においては「郷中《ごじゅう》制度」といって、「方限《ほうぎり》」という地域別に年長者が、年下の子らの面倒を見て、青少年のあいだで教育と人間育成をする伝統がある。年上が面倒を見る分、長幼の序は厳格に保たれていて、基本的に年少者は上の人間に、絶対服従であった。

とはいえ、食べ物の恨みは根に持たれるものだ。ここでの西郷は、意地悪な表情をみせているように思うが、何はさておいても弟の信吾は、「誰が家族を食べさせているか」ということだけはハッキリと理解できたに違いない。

兄としての西郷は、生涯、弟を教導しつづけた。弟の信吾こと従道が、はじめて西郷に従わなかったのが、西郷の下野であった。もちろん、西南戦争のおりも薩軍には合流していない。

この内戦において、従道は中央にあって陸軍卿代行をつとめた。彼は兄の行動を、どのようにみていたのだろうか。

この一点について、従道は詳らかに語っていない。

西郷従道（さいごう・つぐみち）　一八四三〜一九〇二
明治時代の軍人政治家。天保十四年五月四日生まれ。西郷隆盛の弟。明治二年、渡欧して兵制を調査。明治七年、陸軍中将となり台湾出兵を強行。西南戦争では兄隆盛に荷担しなかった。のち海軍にうつり十八年、第一次伊藤内閣の海相翌年農商務相をかねた。その後も海相内相を歴任。海軍大将元帥。明治三十五年七月十八日、死去。六十歳。通称は信吾。

吉井友実

おいは隆盛でゴワスか

少年期から仲の良かった吉井は、生涯、無二の親友となるはずであった。何しろ「隆盛」の諱を、期せずして西郷に与えたのは、この人物である。征韓論が二人を別つまでは――。

「西郷が爾汝《じじょ》〈おれ、おまえ〉の交わりをしたのは、伊地知〈正治《まさはる》〉と吉井〈友実《ともざね》〉であった」（川口雪篷《せっぽう》の回想より）

冒頭は、西郷家当主であった隆盛が、家を留守にしているおり、家族と同居して子女の教育係をつとめた川口雪篷《せっぽう》の回想である。雪篷は書家であり、漢詩の素養もあった。西郷に漢詩を教えてもいる。

西郷が嗜んだのは、書も漢詩も然りであるが、青年期以降、没頭したのが「禅」であった。

おそらく西郷が郷中において、「二才《にせ》」（十五～二十五歳の青年）、それもリーダーの「二才《にせ》頭《がしら》」をしていた頃のこと（先学の芳即正《かんばしのりまさ》の調査では、時機は少しずれる）。草牟田《そうむた》の誓光寺《せいこうじ》に、無参上人という住職がいた。

無参の名僧ぶりを伝え聞いた西郷が、寺をたずね、瞑想している無参に、

「武士らしく生きるには、どうしたらいいのでしょうか、お教え下さい」

と、教えを請うたことがあった。

無参は黙して答えず、ただ座っている。無視されて怒った西郷は、鉄拳をみまおうとした。すると無参は、「喝！」と一声。西郷は虚《きょ》を衝《つ》かれてへたり込み、頭《こうべ》をたれたという。無参はただ一言、

「禅の悟りは、振り上げた一拳の刹那にあり」

と述べた。この一事を機に、西郷は禅に目覚める。この無参が、西郷の一歳年下の友人、吉井仁左衛門（のち幸輔《こうすけ》、友実《ともざね》）の叔父にあたったのである。

西郷の生まれた下加治屋町《したかじやまち》には、幕末の風雲に西郷を擁して活躍した一歳年下の吉井と、伊地知龍右衛門（正治《しょうじ》、のち読みを「まさはる」）、長沼嘉兵衛、福島矢三太（ともに早逝）、引っ越しに伴う途中参入ではあるが三歳年下の大久保、五歳年下に西郷の次弟・吉二郎、九歳

下に篠原国幹《くにもと》、十歳下に大山巌《いわお》、十六歳下に西郷の三弟・従道《つぐみち》、十七歳下に黒木為楨《ためもと》、十八歳下に井上良馨《よしか》、二十歳下に東郷平八郎などがいた。

西郷や大久保、吉井、さらには伊地知正治、有村俊斎《しゅんさい》(のち海江田信義《かえだのぶよし》)といった薩摩の若き士が、まず日常の自己規律に選んだのは、陽明学。吉井と伊地知は郷中が違うが、西郷とは親しかった。のちに西郷は、禅にはまるわけだが、実は、盟友となる大久保利通、税所篤《さいしょあつし》も無参のもとに参禅していた。もちろん、これには吉井も含まれていただろう。

こうした仲間のなかで、西郷が親友としていたのは、川口雪篷の回想からもわかるとおり、吉井と伊地知であった。西郷がいかなる苦難のときにあっても、吉井は彼とともにあり、信頼し合っている。

明治のはじめ、西郷が「西郷隆盛」という名になった経緯も、吉井によるものであった話は、つとに知られている。

実は、「隆盛」の諱は、西郷の父・吉兵衛のものであった。西郷の元服時の諱は、「隆永《たかなが》」。維新後、王政復古の章典で西郷が位階を授けられる折りに、不在だったため、吉井が代参して届け出たのだが、

「はて、吉之助さんの名は何じゃったかな」

と迷い、脳裏に浮かんだ「隆盛」という名を、吉井は届け出てしまったのだった。要する

に、若き日からの親友である吉井すらも、西郷の諱を聞いたことがなかったほど、彼らはおおらかな付き合いをしていた、ということであろう。

これを聞いた西郷は、「おいは隆盛でゴワスか」と、そのまま受け入れたのだという。

こうしたエピソードは、薩摩人らしさを示してもいるが、同時に西郷が公私をわかたず信頼していた、吉井の存在を思わせる。

しかしその吉井も、西郷の征韓論には同調しなかった。西郷の晩年は、われわれが思う以上に、孤独なものではなかったろうか。

吉井友実（よしい・ともざね）　一八二八〜一八九一

幕末・明治の武士、官僚。薩摩藩の城下士として生まれる。通称は仁左衛門、のち幸輔。変名は山科兵部。。少年期から西郷隆盛、大久保利通と親交があった。安政三年、大坂藩邸の留守居となり、諸国の勤王志士とまじわる。維新後は司法、民部、宮内など各省をへて、明治十五年、日本鉄道社長。元老院議官、枢密顧問官。

大久保利通

不遇が二人を結びつける

大久保の人生観を変えたのは、薩摩藩のお家騒動に連座した父が喜界島に流され、自らも失職した困窮の時代だ。このとき、さして親しくなかった西郷の存在が大きくなってくる。

〈嘉永元年十月〉十四日　甲申

〈前略〉七ツ時〈午後四時〉過ぎ〈中略〉次第に水上坂に着き、坂の上で恕兄〈西郷たちのことか〉と約束があるので、一刻（二時間）ほど待つと、〈下〉加治屋町の衆が来て同行した。

月もおぼろにてり、甲冑霜に映し、あたかも戦場に臨むに異ならず。志気自ら凛々。

〈中略〉

七ツ時〈午前四時〉過ぎに帰着。加治屋町からは、平田氏〈正十郎〉、西郷氏〈吉之助（隆盛）〉、亀山氏〈杢太夫《もくだゆう》〉、東郷氏〈吉左衛門（実友《さねとも》）〉、福島氏〈半之進〉、上田氏が同道した。

（大久保利和編『大久保利通文書　第九』から現代語訳　一八二九年　日本史籍協会）

西郷と、大久保利通との関係。一般の理解では、二人は同じ下加治屋町の郷中《ごじゅう》（方限《ほうぎり》という一定区域の中で武士の子弟が相互教育をする集団）に生まれ、幼い頃から親しかった、というものだろう。しかし、実際は違った。

大久保の父・利世《としよ》は沖永良部島の代官付役を務め、さらに琉球王国の鹿児島出張機関である琉球館（現・鹿児島市小川町）の付役となっていた。身分に比して、対外事情に明るい人物であったはずだ。大久保の家は、利世が沖永良部島代官付役だった時代は高麗町（下加治屋町から甲突川《こうつきがわ》を挟んで、川向う）に、琉球館付役時代は、琉球館の役宅にあった。大久保自身も高麗町に生まれているから、西郷と同じ郷中には属していなかったのである。

では、二人がはじめて出会ったのは、いつだろうか。大久保は几帳面な男で、日記も小まめに付けているが、彼の日記にはじめて西郷が登場するのは、冒頭の嘉永元年（一八四八）十月十四日である。この日、大久保は薩摩藩伝統の行事、「妙円寺詣り」に参加していた。

「妙円寺詣り」とは遠い昔、関ヶ原の戦い（慶長五年〈一六〇〇〉）の折り、徳川方と死闘をくり広げた島津家十七代当主・義弘が敵中突破、帰国した故事をしのぶもの。義弘の菩提寺である妙円寺へ、片道約二十キロの道のりを甲冑に身を固め、夜を徹して参詣する。

日記の文面からは大久保の、薩摩隼人としての誇りと気概、敬虔な祖先畏敬の念が感じられる。途中で、下加治屋町の郷中グループと合流している。帰りも同道したようだ。

文面を読めばわかるとおり、郷中が異なるとはいえ、大久保は下加治屋町の西郷たちと交流がある。ただ西郷については名前が出てくるのみで、この前後も取り立てて具体的な記述はない。この年、西郷は下加治屋町の二才頭《にせがしら》となったようだから、もし親しい関係にあったなら、もう少し詳しく触れてもよさそうなものである。このころはまだ、大久保にとって西郷は、親交があるグループの一員程度の感覚だったのではあるまいか。

近年の研究成果にあるように、大久保が下加治屋町に引っ越したのは、父の利世が薩摩藩のお家騒動＝お由羅騒動に連座して喜界島に流され、琉球館の役宅に居られなくなってから、というのだ正しいだろう。すなわち嘉永三年（一八五〇）以降のことで、西郷は二十四歳、大久保は二十一歳。もう十分に、青年であった。

このお家騒動で、父が遠島となっただけでなく、大久保自身も免職となった。大久保家は一気に、貧窮の状態に追い込まれる。事実、父の不在で実質の家長となった大久保は、他家から借金もしている。

この艱難の時期、同じ下加治屋町に住んでいた西郷と大久保は親しくなった。頻繁に書簡を送り合い、些細なことも報告、相談し合う仲となるが、それはまだ、のちの話である。

大久保利通（おおくぼ・としみち）　一八三〇～一八七八
幕末・明治初期の志士、政治家。初名は利済、通称は正助《しょうすけ》、のち一蔵。薩摩藩の下士として生まれる。島津久光に信任され小納戸役に。西郷隆盛、岩倉具視《ともみ》らと討幕運動の中心となり、明治政府を樹立。木戸孝允《たかよし》らと版籍奉還、廃藩置県を実行する。明治四年、大蔵卿に就任し、岩倉遣外使節団副使として欧米を視察。明治六年、参議となり西郷隆盛の征韓論をしりぞけ、下野させる。同年、内務卿を兼任。佐賀の乱、神風連の乱、西南戦争などを鎮圧。地租改正を行い、元老院、大審院、地方官会議の設置による立憲制の樹立をめざすも、明治十一年五月十四日、東京・紀尾井坂《きおいざか》で石川県士族・島田一良《いちろう》らに暗殺された。四十九歳。号は甲東。

2

研鑽

――役人・斉彬時代の西郷どん

島津斉彬

西郷一人は、薩国貴重の大宝也

あの男は薩摩の宝だが、独立の気象ゆえに、私ならでは使えまい――西郷の建白書と風采に目をとめ、庭方役として登用した名君は、十年に満たない薫陶で国難の秋《とき》をいかに乗り切るか示した。彼は、西郷の本質と限界まで、理解していたようだ。

此《この》西郷（隆盛）を見出せしは、我《わが》朋友島津《しまづ》斉彬《なりあきら》也。（中略）（西郷は）初め茶坊主なりしと。斉彬は深く西郷の人となりを見抜き、後に大事業を可起《おこすべき》は此人《このひと》なりと思ひこめられ、庭口の番人（庭方役のこと）に申付られたりと。庭口の番人と、あまりおかしく被存《ぞんじられ》候《そうら》へども、島津家にも此例なきよし。斉彬は江戸中の景況、又《また》天下の為《た》め、尽力周旋秘密之事に西郷を被用《もちいられ》、近習小姓も不知《しらず》、庭口より直《じか》にいでゝ、内々言上《ごんじょう》する役也《なり》。是《これ》は島津斉彬公の工夫なり。慶永《よしなが》（この文の筆者である松平慶永、号して春嶽《しゅんがく》）に斉彬卿面晤《めんご》（面会）の節、私家来多数あれども、誰も間に合ふものなし。西郷一人は、薩国貴重の大宝也。乍併《しかしながら》彼は独立の気象（気性）あるが故に、彼を使ふ者私ならではあるまじくと被申《もうせられ》候。其外に使ふ者はあるまじと、果してしかり。実に島津君の確言と存候。

（松平慶永《よしなが》『逸事史補《いつじしほ》』昭和四十三年　人物往来社刊）

西郷や大久保利通は、名君・島津斉彬の遺志を受け継いで、明治維新に辿り着いた。盟友であった越前福井藩主・松平慶永（のち号して春嶽《しゅんがく》）が書き残した冒頭の一文によれば、斉彬は、

「わしに家来は多数あるが、満足のいく人材はいない。西郷のみが、薩摩にとって貴重な大宝である。しかしながら、彼は独立の気性のあるが故に、わしでなければ無理であろう」

と、西郷について語っている。自ら西郷の器《うつわ》を見出した喜びがあり、その一方で、彼をかじ取りするのはきわめて難しいから、自分でなければかなうまい、という確信と自負があった。

「私は此頃、大変よい物を手に入れた。それは中小姓を勤めて居た西郷吉之助と云う軽い身分の者が居るが、中々の人物と認む」

「身分は低く、才智は私の方が遥かに上である。しかし天性の大仁者である」

とも、斉彬は述べていた。

西郷は主君の命を受け、水戸藩、越前福井藩など斉彬に共鳴する勢力の間を、いわば連絡係として往来した。例えば、十三代将軍家定の継嗣問題では、老中筆頭・阿部正弘と共に、水戸藩主・徳川斉昭《なりあき》の第七子で一橋《ひとつばし》家を継いだ慶喜《よしのぶ》を推しており、その運動に西郷を使う。

もっとも西郷は直接、水戸藩主や一橋慶喜に面接のできる身分ではなく、もっぱら諸侯の謀臣《ぼうしん》、側近と交信していた。これが後年の西郷にとって、大きなプラスとなる。とりわけ西郷に大きな影響を与えたのが、藤田東湖《とうこ》と橋本左内《さない》の二人であった（「藤田東湖」「橋本左内」参照）。

安政五年（一八五八）四月、彦根藩主・井伊直弼が大老に就任した。斉彬は井伊の台頭を阻止すべく、左大臣・近衛忠熙《ただひろ》、福岡藩主・黒田斉溥《なりひろ》（のち長博《ながひろ》）、松平慶永、伊予宇和島藩主・伊達宗城《むねなり》らに宛てた密書を西郷に託して東上させる。

しかし、西郷を送り出したあとの七月八日、斉彬は、急に体調をくずし、同月十六日の暁方、死去する。敬愛する主君の死に西郷は絶望し、一度は入水《じゅすい》自殺まではかる（「月照」の項参照）。

斉彬は、西郷を操縦することの難しさを熟知していたが、結局、その読みは当たっていた。それが証拠に、弟の久光では操縦できなかったし、また盟友の大久保利通も、ついには扱いかねた。それが西郷の最期へと、やがてつながっていく。

島津斉彬（しまづ・なりあきら）　一八〇九～一八五八
幕末の薩摩藩主（十一代）。初名は忠方、通称は又三郎。文化六年（一八〇九）九月二十八日生まれ。薩摩藩十代藩主・島津斉興《なりおき》の長男。嘉永四年（一八五一）、薩摩藩主島津家を継ぐ。藩営の工場・集成館を設立し、殖産興業・富国強兵策をすすめる。島津一門・今泉家の篤姫《あつひめ》（のちの天璋院）を自ら養女とし、十三代将軍・徳川家定の正室として娶《めと》らせ、幕府への発言力を強める。将軍家定の継嗣問題では、庭方役の西郷吉之助（のち隆盛）らをもちいて、一橋《ひとつばし》慶喜《よしのぶ》（のちの十五代将軍・徳川慶喜）擁立運動をすすめたが、安政五年（一八五八）七月十六日に急死する。享年五十。

松平春嶽

西郷帰りを忘れたり

勇断実に畏るべし。西郷、大久保、木戸を比較して、西郷の人物をより評価していた幕末の賢君は、その家柄のよさでバランスの取れた理想的政体をめざしたが、書生的なナイーブさに終始したように思われる。

又此《またこれ》に一奇話あり。江戸城を徳川家より勅使に引渡しの時なり、（中略）隆盛は大広間に着座して居《お》れり。いつまでもたつても帰らず、余りに見かねて大久保一翁《いちおう》（忠寛《ただひろ》）罷《まかり》出《いで》、勅使己《すで》に退散せり、西郷公何ぞ御用有之候《これありそうろう》哉《や》といふ。西郷帰りを忘れたり。只今此《ただいまこの》釘《くぎ》かくしの数をかぞへ居れりと、閑暇《かんか》の有様にして、流石に英雄の景況なりと、大久保一翁感賞せり。余《よ》に話す。

御一新の功は、大久保もとよりなれども、大久保一人の手にて中々成りがたし。衆人の協力とは乍申《もうしながら》、御一新の功労に、知仁勇あり。知勇は大久保、智仁は木戸、勇は西郷なり。此三人なくんば、如何に三条（実美）公・岩倉（具視）公の精心あるとも、貫徹せざるべし。

西郷の勇断は実に可畏事《おそるべきこと》に候。世界中の豪傑の一人のよし。外人皆景慕せりといふ。兵隊の西郷に服するや実に可驚《おどろくべき》也。英雄なり。仁者なり。

（『逸事史補』）

弘化五年（一八四八）正月十六日、越前福井藩主・松平慶永は、少年時代の一橋慶喜《ひとつばしよしのぶ》（水戸藩九代藩主・徳川斉昭《なりあき》の七男）を見て、その利発さに嘱目《しょくもく》する。そして、慶永は全力を注ぎ、慶喜の次期将軍擁立論を展開する。慶永はのちに、安政の大獄で隠居・急度慎《きっとつつしみ》の処分を受け、「春嶽《しゅんがく》」と号する。

彼は徳川幕府の家門大名筆頭――越前福井藩三十二万石の十六代藩主であり、加えて春嶽その人は、将軍家の家族ともいうべき御三卿の一《いっ》・田安《たやす》家に生まれ、十一代将軍家斉《いえなり》は春嶽の伯父にあたり、十二代将軍の家慶《いえよし》は従兄弟の関係となる。

春嶽は幕末、〝四賢侯〟の一人に数えられたが、確かにその聡明さは三百年来、類の少ない大名であったろう。ペリー来航以前、藩経済を米穀依存の古い体質から、産業育成中心の発想へと、切りかえることに成功していた。開明主義者の名に恥じず、幕府の権威が徐々に低下している様を看破《かんぱ》し、幕藩体制の建て直しを、誰よりも早い時期に主張し、自ら行動した。

嘉永六年（一八五三）六月、ペリーが浦賀に来航した時、十二代将軍の家慶は病床にあり、次代を予定された家定は、挙措《きょそ》動作が常人と異なる凡愚な人物でしかなかった。国難に対処する次善の策は、英明な将軍世子（後継ぎ）を擁立することであり、春嶽が推したのが、水戸藩主家から「御三卿」の一《いっ》・一橋家を継いだ慶喜であった。

対抗馬は、紀州藩主・徳川慶福《よしとみ》――安政三年（一八五六）の時点で、慶喜は二十歳、慶福は十一歳であった。その間で、二十九歳の春嶽が率先して慶喜を担ぎ、一橋派を形成した。さながら、家門と外様雄藩の連合体の観を呈している。

対立派閥＝南紀《なんき》派は、これまで幕政を預ってきた譜代《ふだい》大名と大奥が結ぶことになった。

両者の暗闘は一年半に及び、結局、南紀派の勝利となる。これには一橋派の筆頭老中・阿部正弘の急逝（三十九歳）、反対派の彦根藩主・井伊直弼《なおすけ》の大老就任などが理由として挙げられたが、春嶽に関していえば、その活動がどこまでも実直、かつ書生じみていた点を挙げねばならない。

将軍継嗣に慶福（のち家茂《いえもち》）が正式決定される前日、春嶽は彦根藩邸に押しかけて大老井伊と論戦し、なお不時登城（定め以外の登城）までして、井伊を難詰したが、一切はあとの祭りであった。処分を受けた春嶽は、霊岸島《れいがんじま》（現・東京都中央区新川）の別邸に籠り、謹慎生活に入る。この春嶽の、懐刀《ふところかたな》として活躍した橋本左内《さない》は、次のようにいう。
「君上には天下の奸雄・豪傑をも、籠絡あそばれ候御手段に御乏《とぼし》く、唯々御誠心一片に帰し、仁柔の風勝《まさ》り、撥乱《はつらん》（世の中の乱れを治める）の御器量に相成《あいな》らざるか」

この上なく誠実な人柄だが、万難を排してやり抜く工夫、根回しに欠けている、というのだが、一面、春嶽の価値はその「誠心一片」にあったといえるかも知れない。

その証左に、安政七年（＝万延元年）三月三日、大老井伊が桜田門外の変で横死し、弱体化を露呈した幕府は、文久二年（一八六二）七月、春嶽にすがり、彼を政事総裁職に任じている。この職は大老にかわる権限を持つものであった。

将軍後見職　一橋刑部卿《ぎょうぶきょう》慶喜

政事総裁職　前《さき》の少将《しょうしょう》松平春嶽

幕府の新人事は、文字どおり天下を狂喜させた。この二人の登場によって、迫りくる欧米列強の圧力から日本は救われる、と朝廷も諸侯も、心からそう信じた。

だが、慶喜と春嶽の間には、ほどなく相互不審が生じる。福井藩へ政治顧問として招いていた横井小楠《しょうなん》が立案した「挙藩上洛計画」も、結局、決断することができなかった。春嶽はその至誠から、幕府中心主義より、朝廷主宰の方向へ意識が転換。しかし、慶喜は幕府の存続にこだわりつづける。

結果、十四代将軍家茂《いえもち》の急逝（二十一歳）により、慶喜へ将軍就任の要請がなされた時、春嶽は反対している。逆に、慶喜が政略上、大政奉還を決断したときには、単純にこの将軍に感激。有終の美を失わぬように、と懇切丁寧なアドバイスまでおくっている。

春嶽の胸中には、栄辱《えいじょく》も褒貶《ほうへん》もなかった。だからこそ、国賊となった慶喜を救うべく、「一誠ただ拙《せつ》を守り」、懸命な周旋を最後まで、誠実に行ったといえる。

幸い、春嶽の姿勢は薩長にも好意をもたれ、その良心的調停者の役割は、際《きわ》どいところで、内戦の危機を回避する一因ともなっていた。

松平春嶽（まつだいら・しゅんがく）　一八二八～一八九〇

江戸時代後期の大名。諱は慶永《よしなが》。文政十一年九月二日生まれ。徳川御三卿・田安斉匡《なりまさ》の八男。松平斉善《なりさわ》の養子となり天保九年、越前福井藩十六代藩主となる。中根雪江《ゆきえ》らを登用して藩政の改革をすすめる。将軍継嗣では一橋《ひとつばし》慶喜《よしのぶ》を擁立。安政五年、大老井伊直弼《なおすけ》と対立して隠居謹慎となる。文久二年、政事総裁職について公武合体につとめる。明治二年、民部卿兼大蔵卿。三年、すべての公職を辞した。明治二十三年六月二日死去。六十三歳。号は春嶽、礫川《れきせん》。著作に『逸事史補』など。

藤田東湖

西郷は強に失す

西郷のような勇者は必ず、その〝強さ〟ゆえに失墜する。幕末の日本、尊王攘夷論にもとづきオピニオンリーダーとして志士に絶大な影響を与えた水戸学の精神的支柱は、西郷の破壊的な英雄性をよく理解していた。

昔、藤田東湖先生の門に、西郷と肥後の津田山三郎が遊びし時、東湖先生曰《いわ》く、西郷は勇者なり、津田は仁者なり、勇者必らず強《つよき》に失すべし、仁者必らず弱《よわき》に失すべしと戒めたるよし、果して津田は弱に失し、西郷は強に失す、流石に東湖先生は先見の明ありと云うべし。

（「佐々木高行日記」津田茂麿編『明治聖上と臣高行』昭和四十五年　原書房刊）

幕末の水戸学を代表する人物であり、尊王攘夷運動の核ともいえた藤田東湖が、西郷隆盛を

評した言葉として、古くから知られているものがある。『西郷南洲翁大画集』(昭和二年　大西郷追頌会）から、引用してみたい。

「南洲翁は若いときに藤田東湖に会った。東湖は当時第一流の俊傑で、天下の志士は何れも其門を叩いたが、東湖は来訪者の辞し去るを待って、一々其の人物を評するが常であった。或人が南洲翁の人となりを問ふと、東湖は容易に答へなかったが、やがて漸くにして『彼は中々の人物ぢや』とたゞ一言だけ評して、その他は何も云はなかった」

草莽の志士がこぞって崇敬した東湖が〝中々の人物〟と評したからには、さぞかし西郷は、すぐれた人物でだったのだろう、という印象を植え付けるに十分なエピソードだ。が、残念ながら東湖自身が直接、西郷の人物評について書いたものは残されていない。すべては、伝聞に頼らざるを得ないのである。意地悪く捉えるなら、東湖が語ったという〝中々の人物〟についても、違った意味と考えられなくもない。

熊本藩士で早くから富国強兵論を唱えていた思想家・横井小楠、開国貿易論を提唱した福井藩士・橋本左内などと交流し意見を交わしている。また、薩摩藩の西郷吉之助（のち隆盛）も東湖の思想に触れ、多大な影響を受けたひとりであった。

藤田東湖（ふじた・とうこ）　一八〇六〜一八五五

江戸後期の水戸藩を主導した、水戸学の代表的な実践指導者。。文化三年（一八〇六）三月十六日、常陸水戸藩士・藤田幽谷《ゆうこく》の次男として生まれる。徳川斉昭《なりあき》を藩主に擁立、以後腹心として藩政改革を推進した。斉昭が謹慎処分をうけると免職され、幽閉されるが、嘉永六年（一八五三）、斉昭の幕政参加とともに海防掛、側用人、学校奉行などをつとめ江戸で活躍する。「弘道館記述義」は尊攘志士に強い影響をあたえた。安政二年（一八五五）十月二日の安政江戸大地震の際、小石川藩邸内被災し、五十歳で死去。名は彪《たけき》。字は斌卿《ひんけい》、通称は誠之進。

橋本左内

西郷は悲劇の刺客、荊軻を思わせる

燕趙悲歌の士、とはじめ西郷を評価していた左内は、幕末の雄藩が連携を模索し、のちの将軍慶喜を推して〝一橋派〟を形成するなかで、西郷と交流するようになる。左内は安政の大獄に斃れたが、西郷は死の直前まで、彼からの手紙を肌身離さず懐に忍ばせていた。

薩《さつ》（薩摩藩）芝上屋敷《しばかみやしき》御庭方《おにわかた》　西郷吉兵衛　鮫島正人友人、卯年極月二十七日　始《はじめて》於原八《はらはち》宅相会《あいかい》す、燕趙《えんちょう》悲歌《ひか》之《の》士《し》なり

（「備忘録」より『橋本景岳全集一』昭和五十二年　東大出版会）

江戸時代、越前福井藩は文運がふるわず、他藩に比べると学問で誇れる家柄とはいえなかった。歴代の藩主はこのことを気づかい、色々〝文〟を奨励したものの、当時の学問の王道＝

〝四書〟（大学・中庸・論語・孟子）の文義を略解できる者は、幕末に近づいてなお、この藩にあってはまれでしかなかった。

　このままでは、国運を担う人材など生まれようがない。危急存亡の秋《とき》である。このタイミングで、衆望を担って召喚《しょうかん》されたのが弱冠二十三歳の橋本左内であった。

　眉目秀麗《びもくしゅうれい》ながら、撫《な》で肩で五尺（約一・五メートル）そこそこの小軀《しょうく》――天保五（一八三四）年三月十一日、城下を流れる足羽川《あすわ》の北方、常盤町に左内は生まれている。左内は通称、名は綱紀《つなのり》。字は伯綱《はっこう》・弘道《こうどう》、号を景岳《けいがく》と称した。

　藩医の長男でありながら、途中、蘭学を広く修め、その視野は世界に向けられていた。

　藩医の職を弟に任せ、学問三昧の生活に入っても、藩でそれを非難する者はいなかった。学問のできが、きわだっていた。食膳についても書物を放さず、友人と勉強をともにすれば、夜半に及んだ。十五歳のおり自らの戒めとして彼が書いた『啓発録』の内容の見事さは人々をして驚嘆させた。なにしろ、この書は、二十一世紀の今も、読み継がれている。

　年齢が若すぎる、という以外、左内に非の打ち所がなかったろう。緒方洪庵の適々斎塾に学び、オランダ語、英語、ドイツ語を理解し、彼は世界の情勢にも精通していた。

　安政三（一八五六）年六月十四日、江戸から福井に帰着した左内は、七月十七日明道館講究師同様の心得をもって、蘭学掛もかね、九月には明道館幹事とともに側役支配を兼任。翌年正月十四日には、明道館学監同様心得を命じられている。「明道館」の命運すなわち福井藩の舵取りはこのとき、二十四歳の若者にたくされたことになる。

左内は一世風靡していた水戸学の藤田東湖から、実学の横井小楠に学び、慷慨悲憤《こうがいひふん》の攘夷論から実践を重んじ天下の政治に資するものの育成、「実功実益」「経済有用」「実用を専らにす」といわれた具体的方向をすぐさま確立してみせた。

やがて洋書習学所、算科局が設立される。変革期はまったなしである。学問がただちに政治へ結びつき、それに行動がともなわなければ、動乱の時代を生き残ることはできない。左内は右顧左眄《うこさべん》することなく、西洋の技術を導入することを「我義理純明之学を補助」することにある、と断じた。

〝尊王攘夷〟をするためには、まず西洋の先進の技術を学ばねばならないが、それは海防のためであり、その役割から一歩もでるものではない、と彼はいう。佐久間象山のいう「東洋道徳西洋芸術」であった。それまで漠然と「明道館」で学んでいた人々は、左内の出現によって時代の要請に応え、藩――その向こうにある日本全体――の多難な課題を解決すべき人材となることを、自らの目的とするよう刷新された。

視野は一藩に制限されることなく、国内外の情勢への洞察力が求められ、深刻化する幕末日本のまさに今、直面する課題と対決するために「明道館」は生まれ変わった。藩内に清新の気が満ち溢れるようになる。

また、好学心は身分をこえ、藩内のすみずみまで広がっていく。

「行々国事の相談も出来、経済之学に進み候様篤志之者と相議し、諸藩処置に及ぶべく候」

（「明道館関する諸布令」）

慶永は左内の方針を肯定し、賛助し、その成果をもって将軍継嗣運動へ左内を投入することになった。安政四（一八五七）年八月、三度めの上府から、慶永の待読兼御用掛として帷幕《いばく》に参じた左内は、これからわずか一年半にみたない政治活動のあと、それに殉じるように安政の大獄で刑死する。安政六（一八五九）年十月七日、享年は二十六であった。しかし左内は、自らの行動が俯仰《ふぎょう》天地に恥ずるものではないことを確信していた。獄中で彼が詩作したものの中に、

「昨夜城中霜始メテ隕《お》ツ」につづいて、

「誰カ知ル松柏凋《しぼ》ムニ後《おく》ルルノ心」（原漢文）

というのがあった。これは孔子の『論語』にある、「歳寒《としさむ》くして、然《しか》る後《のち》に松柏《しょうはく》の凋《しぼ》むに後《おく》るるを知る」を念頭に置いたものであろう。

文意はわかりやすい。冬になってはじめて、松や柏がいかに強く緑をたもっていたかがわか

る。人間もまた、大事に遭遇してはじめて、その人の真価があらわれるものんだ。

「凋《しぼ》むに後《おく》る」は凋《しぼ》まぬことをいう。

左内は西郷を評して、「燕趙悲歌之士」と呼んだ。これは中国・戦国時代の刺客・荊軻《けいか》のことを指したものである。燕の太子・丹の命で、秦王政《せい》（始皇帝）の暗殺をはかったが、失敗して殺された人物であった。

義憤に燃えた士であった、荊軻と西郷を重ね合わせたものであろう。

橋本左内（はしもと・さない）　一八三四～一八五九
幕末の武士・医師。天保五年三月十一日生まれ。橋本長綱の長男。越前福井藩士。緒方洪庵にまなび父の跡をついで藩医となる。安政元年、江戸にでて藤田東湖らとまじわり四年、藩主松平春嶽の侍講兼内用掛となる。開国貿易論を提唱し将軍継嗣問題では一橋慶喜の擁立につくし、幕政改革をとなえたが安政の大獄で安政六年十月七日、刑死。享年二十六。名は綱紀《つなのり》。字は伯綱弘道。号は景岳など。著作に『啓発録』など。

長岡監物

天下の形勢等能《よく》見渡し居申候

有志の人なので、ぜひ会ってほしい——熊本藩の改革派家老・長岡監物は、西郷を雄藩・尾張の要人に周旋する。上級武士の出身で穏健的改革を希求し、元来、攘夷派であった監物は、ドラスティックな革新をめざす西郷らと距離を置くようになる

扨此度薩州《さてこのたびさっしゅう》の藩中に西郷某《なにがし》と申《もうす》士《さむらい》江戸え罷出申候《まかりいでもうしそうろう》。役は小官の由《よし》に侯へ共《ども》君前にも罷出候由《まかりいでそうろうよし》にて当春下国の節も拙宅を尋《たずね》申候。此度も得寛話《とくにかんわ》申候。有志の人にて御座《ござ》候《そうろう》。天下の事に付て君侯の意を受け出府いたし候哉《や》に御座。然処《しかるところ》何卒賢兄え拝謁御示教を蒙り度《たく》至願の由にて、其儀は野拙《やせつ》よりもすゝめ置申候。不苦《くるしからず》候はゞ暫時にでも御面話被下《くだされ》候様奉希《ねがいたてまつり》候。決《けっし》て無用の空論等仕《つかまつり》候人にては無之《これなく》、又浅露《せんろ》にして気遣《きづかい》ある士

にても無《な》御《く》座至極《しごく》忠実なる人物にて於江府《こうふ》（江戸）は水藩《すいはん》（水戸藩）を始《はじめ》、所々に有志の人にも交り候て、天下の形勢等能《よく》見渡し居申候様に相見え候間《あいだ》、彼是少しは御答可有之《これあるべき》かと被存候。

（「尾張田宮如雲宛紹介状」『大西郷全集第一巻』昭和二年　平凡社）

書状の差出人は、長岡監物是容《これかた》、通称・源三郎。文化十年（一八一三）二月十一日に生まれ、天保三年（一八三二）十月、国老を継いでいた。長岡監物《けんもつ》の家は熊本藩細川家の一門であり、その祖、是季《これすえ》以来、譜代の重臣でもあった。代々、家督とともに「長岡監物」を襲名していた。禄高一万五千石。

監物は、熊本藩不世出の学者・横井小楠《しょうなん》とは藩校時習館の同学であり、藩内では改革派の家老であった。小楠を支持して〝実学党〟と呼ばれるグループを形成し、藩政をめぐる派閥争いで、松井佐渡など保守派の反対に加え、是容らの尊敬していた水戸藩の徳川斉昭らが安政の大獄によって幕府から隠居を命ぜられるに及び、弘化四年（一八四七）、国老の役を免ぜられている。

その後、ペリー来航の影響で嘉永六年（一八五三）、家老職への復帰を許されたうえ、藩の相模国浦賀（現・神奈川県横須賀市）の警備責任者に任ぜられ、江戸湾の防備にあたった。

以後、藤田東湖、吉田松陰、西郷らと交流を重ねたが、本来、攘夷派である是容は、安政二年（一八五五）、開国派であった横井小楠とは訣別をした。

軽輩時代の西郷の人物を、大藩の進歩派家老であった長岡監物が認めていた。紹介状を書いた先は、徳川御三家の一《いっ》・尾張藩の側用人で家老もつとめた田宮如雲《じょうん》。幕末の尾張藩家老・徳川慶勝を擁立した人物である。

長岡監物（ながおか・けんもつ）　一八一三〜一八五九
江戸時代後期の武士。文化十年二月十一日生まれ。肥後熊本藩家老。実学党とよばれる藩政改革派の中心だったが保守派の学校党との抗争に敗れ、弘化四年、免職。のちペリー来航の際熊本藩の相模浦賀警備責任者となった。安政六年八月十日死去。享年、四十七。本姓は米田《こめだ》。名は是容《これかた》。通称は別に源三郎。

元田永孚

一瞬にして心を奪われる

南洲翁は豪傑である――西郷とはじめて会った元田は、その威容にノックアウトされる。日本の未来を開国と、議会制に求めていた彼は、西郷と異なり近代国家の創設に邁進する。

余《よ》、藩に在るの日、夙《つと》に南洲翁の人となりを聞き知らす、のち小倉軍営において相見て、歎じて曰く、翁は振古の豪傑なり。其の胸実に死生の外に洒脱《しゃだつ》し、富貴貧賤威武、其の心を移すあたわず。王政を千古に復し、中原《ちゅうげん》において、海外万国に衡抗《こうこう》せんと欲するに至りては、則ち其の志胆の雄大、宇内を凌駕するにもって足る也。所謂大丈夫たる者、翁にあらずして誰ぞ

（『西郷南洲翁大画集』昭和二年　大西郷追頌会・筆者現代かな遣いに読み下す）

のちに明治天皇の侍講《じこう》となる元田永孚《ながざね》（えいふ、とも読む）は肥後熊本藩士で、文政元年（一八〇四）十月一日の生まれ。

維新前は、先にみた長岡監物、横井小楠《しょうなん》らのいる実学党に属した。明治四年（一八七一）、宮内省に出仕。明治天皇の侍講、のち宮中顧問官、枢密顧問官となる。国民教化をめざし、修身書『幼学綱要』の編集や、「教育勅語」の起草にあたった。

――その元田は、盟友・小楠の開国構想を、次のように述べていた。

天下の衰《すい》をおこして、富国強兵万国の上にいでんこと掌《たなごころ》をかへすがごとく、その設施《せっし》（こしらえ設けること）、まず米国と交親するよりはじむべし。もしわれを用いるものあらば、まづ米国にいたり誠信を投じて大いに協議、もって財政の運用、殖産交易振興するところあるべし。ことに米国の開祖ワシントンなる者は、つねに世界の戦争を止むるをもって志となす。いま各国戦争の惨憺《さんたん》、じつに生民の不幸これを聞くにしのびず。故《ゆえ》に米国と協議して、もって戦争の害をのぞくべきなり。（『還暦之記』）

開明の士と、言うべきであったろう。のみならず、元田は漢籍にすぐれた博識の人であり、のみならずおごり高ぶらない奥ゆかしさも、身に帯びていた。

勝海舟をして、「温良恭謙譲の人」といわしめた元田は、明治天皇の侍講をつとめ、西郷についで帝の信任を得ていた、ともいわれている。

その元田が西郷の大器にふれ、冒頭のように心酔しているのである。

新政府が成立し、諸国に並び立つ近代国家をつくるおりには、西郷の器がものをいうだろう、と宣言しているのである。

「いわゆる大丈夫たる者、西郷にあらずして誰ぞ」

とまでべた褒めをしていた。まさに、人を魅了する西郷の人物がみてとれる。

元田永孚（もとだ・ながざね）　一八一八～一八九一

江戸後期・明治時代の儒者。文政元年十月一日生まれ。肥後熊本藩士で横井小楠《しょうなん》らの実学党に属した。明治四年、宮内省に出仕。明治天皇の侍講のち宮中顧問官枢密顧問官となる。国民教化をめざし修身書『幼学綱要』の編集教育勅語の起草にあたった。明治二十四年一月二十二日死去。七十四歳。字《あざな》は子中。通称は八右衛門。号は東野《とうや》。

岩下方平

西郷は礼儀に無頓着だが、国事にはしゃんとした

西郷は礼儀に頓着《とんちゃく》しないが、国事にかかればしゃんと座った。上士の出身でありながら、薩摩藩の改革派組織〝精忠組〟に属した岩下は、下士の突き上げに利用された感はあるが、西郷の体裁にこだわらない豪放磊落さは認めていた。

私は確かと覚えませせぬが、西郷の一つの話を思付きましたから申しますが、全体あの男は細い事（行儀作法など）は知らぬ、知らぬ事もないが頓着せぬ男で、夫《そ》れは色々な事もありますが一々確かと覚えぬが、諸藩から使いが来《きた》りどうしようと云《い》って来るに打ちやって置けば宜《よろし》いと云う様な事で、甚だ乱暴なるもので、寝転んで話す様な事で、何か国事の事とか何とか云う事になれば、直《す》ぐに起き上って話しました、うっかり言い出すと改まって応答するので気の毒と思った事が度々ある、国事に係るとしゃんと坐って話しました

が、其位《そのくらい》の事を一つ覚えて居る――夫れは妙でござりました、少し国事になると、――夫れで一寸《ちょっと》人となりが分ります。

（「史談会速記録　第十一輯　明治二十六年」）

幕末の薩摩藩に、〝精忠組〟（または〝誠忠組〟）というグループがあった（メンバー自身は結成当時、〝精忠組〟を名乗っていない）。西郷吉之助（のち隆盛）・大久保一蔵《いちぞう》（利通）・長沼嘉兵衛（早逝）・有村俊斎《ありむらしゅんさい》（のちの海江田信義《かえだのぶ》）・税所喜三左衛門《さいしょ》（篤《あつし》）・吉井仁左衛門《よしい》（友実《ともざね》）・伊地知《いじち》竜右衛門（正治《まさはる》）らが設立メンバーであった。『近思録』を輪読する藩政改革グループが、発展したものである。リーダー格の一人に、岩下方平《みちひら》がいた。このグループが、無位無官で藩主ですらなかった薩摩藩〝国父〟の島津久光を支えることとなる。

岩下は誠忠組の一員として島津久光に従い、国事に奔走。文久二年（一八六二）の生麦事件と、翌年の薩英戦争に際しては、藩を代表してイギリス公使と交渉した。

慶応元年（一八六五）には藩の家老となり、同三年のパリ万国博覧会では、「日本薩摩琉球国太守政府」使節団長として参加し、シャルル・ド・モンブラン伯爵とフランス人技術者らを伴って帰国した。慶応三年五月からの〝四侯会議〟の挫折以降は、小松帯刀や西郷吉之助、大久保一蔵らとともに、討幕活動に尽力している。

——経歴をみれば明らかだが、岩下はエリートであった。

維新直後までは、藩内でリーダー格であり、藩を代表して交渉の場にもたびたび立ち、西郷や大久保よりも、出世のスピードが速い。岩下が維新直前において、歴史のドラマに登場するのは、慶応三年（一八六七）十二月九日の小御所会議であろう。

前将軍・徳川慶喜に対し、あくまで辞官納地をせまる薩摩や討幕派の公家に対して、徳川家を国政に加えた連合政権を企図していた土佐、越前福井、尾張など諸藩とのあいだで、議論が膠着《こうちゃく》。その休憩時に、屋外で警備兵の指揮をとる西郷隆盛を呼び出し、岩倉に対して「短刀一本あれば片が付く」と言わしめた逸話は、広く知られている。この話をきけば、まるで岩下が強硬な武力討幕派の中核の一人であった、というように感じるかもしれない。が、その後の歴史は、そうではなかったことを証明している。

明治政府における彼の経歴をみると、明治元年（一八六八）の大阪府判事・刑法官にはじまり、明治三年に京都府権知事《ごんのちじ》、東京府につとめたうえで同四年には大阪府大参事。地方行政担当が主で、政権の中枢にいるとはいい難い。じつは、岩下は根っからの武力討幕派ではなかったようだ。むしろ、同じく家老だった小松帯刀と同様、公武合体派に近かった。

その原因の一つは、家柄ではなかったろうか。岩下は鶴丸城下の下加治屋町に城下士・岩下亘《わたる》の子として生まれたが、のちに岩下典膳《てんぜん》へ養子に入っている。典膳は家禄百七十八石ながら、藩の家老格「寄合《よりあい》」の家柄であった。
明治維新は結局、下級武士たちによる下剋上の側面もあった。冒頭の、西郷に対する冷静な口ぶりも、政治の舞台で本流に乗り損ねた岩下の西郷に対する思いが、にじみ出ているように感じられる。

岩下方平（いわした・みちひら）一八二七〜一九〇〇
幕末の薩摩藩士、明治時代の官僚。通称は左次右衛門。「まさひら」とも。文政十年（一八二七）三月十五日生まれ。薩英戦争の講和談判の正使をつとめる。慶応元年（一八六五）、家老に。慶応二年、パリ万国博覧会に藩の使節として渡仏。王政復古後、藩を代表して参与職となる。のち、大阪府大参事などをへて、明治十一年には元老院議官、二十三年には貴族院議員となった。明治三十三年八月十五日、七十四歳で死去。

3

転生

――斉彬の死・遠島の西郷どん

月照

死生観を変えた友の死

仏学浅けれど仏理あり。西郷の粗削りながら光る大器の可能性を見通していた月照は、敬慕する主君・島津斉彬を失って未来を悲観し、死のうとする西郷を諫止する。しかし、そののち自らが彼と入水自殺をはかることになろうとは――。

月照上人は南洲翁と相抱いて薩摩潟《さつまがた》（錦江湾《きんこうわん》のこと）に投じた程の深い交りのあった仲であったが、嘗《かつ》て翁を称して、「あなたは、仏学には浅いけれども、能《よ》く仏理《ぶつり》を体し、これを行ふ人で、亦《また》是れ一個の好知識ぢや」と云った。

（『西郷南洲翁大画集』昭和二年　大西郷追頌会）

幕末の勤王僧・月照《げっしょう》といえば、西郷と薩摩の錦江湾で入水自殺をはかった人物としてのみ、記憶されている方も多いだろう。月照は字《あざな》で、名は忍向《にんこう》、号して中将房《ちゅうじょうぼう》。果して、月照は自らの意志で身を投げたのか。諸説ある。がその検証は、ここでは置きたい。むしろ月照が、どのような人物であったのかに触れたほうが、彼の西郷観に近づけよう。

――安政五年（一八五八）の夏。西郷は、京都で志士たちと交流しながら、主君・島津斉彬の武装上洛を待っていた。その西郷のもとへ七月二十四日、斉彬急死の知らせがとどく。西郷が愕然としたのは、当然のことであった。

西郷は帰藩のうえ、斉彬の墓前で腹を切ろうと決意する。が、このとき彼を諫止したのが、当時、清水寺成就院で隠居僧となっていた月照だという。

月照は「其身《その み》短小、顔色青白く眉長し、恒《つね》に藤色衣を着す」（『成就院忍向履歴』）と評されたように、秀才肌で誠実・実直な人物であった。

もとは仏法一途の、政治には無縁の人であったが、幕末の暗雲が垂れ込めてくると、国事に心を傾けるようになった。

公卿の筆頭・近衛家と親しくしていたところから、草莽の志士と堂上公家との橋渡しの役目をつとめることが多くなり、この頃、俄に勤王僧として世上に知られるようになっていた。

なかでも青蓮院《しょうれんいん》（のちの中川宮）、三条実万《さねつむ》などに近く、鷹司《たかつかさ》家に使える諸大夫・小林民部権大輔良典、原田才輔（経允・薩摩人）などと協力して勤王運動に尽力している。月照は薩摩藩のみならず長州藩、水戸藩、伊予小松藩、久留米藩、対馬藩、伊予松山藩、三河岡崎藩、備前岡山藩、紀州和歌山藩、伊勢津藩――さらには彦根藩とも昵懇であったが、とりわけ薩摩藩とは、斉彬の祖父・重豪《しげひで》の時代から成就院との間に交際があったようだ。

大老・井伊直弼によって安政の大獄がスタートすると、幕府の手は、西郷や月照にも迫ってきた。西郷は月照を匿《かくま》うためにも、幕権の行き届かない薩摩をめざさねばならなかった。

西郷は月照を駕籠にのせ、先方を有村俊斎、後方を寺師宗徳に衛らせながら、一路、薩摩をめざしたが、途中、新撰組の厳重な検問にでくわした。西郷は内心、大いに驚いたが、そしらぬふりをして、わざと検問のそばに駕籠をとめ、あとから来る人と待ち合わせているようなかっこうで悠々とお茶を呑み、少し休憩してから立ち去った。

ちょっと見ると何でもない事のようではあるが、この危機に臨んで変に応じた西郷の策略は、非常な胆力《たんりょく》のいる生命《いのち》がけの知恵である。こうした動作にも、養われてきた覚悟のほどがうかがえる。

ところで、斉彬の死は薩摩藩の内実を大きく変えていた。

藩政の実権は後事を託された久光にではなく、以外にも隠居の斉興に握られてしまい、久光は父に遠慮し、藩政にいまだ何ほどの成果もあげえずにいた。斉興は、斉彬時代の湯水のように支出された藩財政の建て直しに躍起となった。二十余年もの間、営々辛苦して藩庫に金を積んだ過去を思えば、斉興の財政措置は当然であったかもしれない。

もちろん斉彬は投資した財を、将来は加工・貿易によって回収する見込みを立てていたが、斉興にはその収支の計算法がわからない。すべてを旧に復してしまった。この処置にはもう一点、斉興が、斉彬にかわる次期藩主の正式決定を、幕府から得なければならない事情もあったのである。藩士の西郷はともかく、幕府お尋ね者の月照を受け入れられる状況にはなかった。薩摩藩は落ちのびてくる月照を、日向の国境へ「永送《ながおく》り」にしようとした。

「永送り」とは、国境において送るべき相手を惨殺することを意味していた。

西郷は、藩の方針を事前に知っていた形跡がある。斉彬を失ったばかりかその遺志も継げず、いままた盟友への信義すら果たせぬ八方塞りに、西郷は月照と相擁して、月明かりの錦江《きんこう》湾《わん》に投身自殺をはかる仕儀となった。安政五年（一八五八）十一月十六日——今日の十二月二十日前後のことである。

南国の鹿児島とはいえ、冬の早暁の海は肌をさすように冷たい。藩士たちは飛び込んだ二人を必死に捜索し、ついにはしっかりと抱き合っていた二人を発見したものの、四十六歳の月照は再び息を吹き返すことはなかった。三十二歳の西郷は、その日の夕方に昏睡状態から醒めたという。西郷はいわば、九死に一生を得たといっていい。しかし、この事件は西郷生涯の負い目となった。

「死に損なった」

との思いは、これまでの「武士道」からすれば、この上もない恥辱であっただけに、西郷は文字どおり消え入りたい思いであったに違いない。あるいは次には間違いなく死のう、と心に思い定めたかもしれない。また、蘇生が自己の意志でないとすると、何者の意志が働いたのであろうか、とも首を傾《かし》げて自問自答したであろう。もし蘇生が天意によるものなら、生きながらえて天の命ずる仕事に、この生命を役立たせるべきではないか――。

郷中教育、参禅、陽明学、そして斉彬の薫陶――西郷がその人格・識見といった人としての有徳を、短い歳月の間に高め得たのは、この入水事件と、つづく島の生活、さらに繰り返された絶望的な島流しであったといえそうだ。

西郷はほどなく、「病状快癒次第、菊地源吾と改名し、大島本島へ下って潜居せよ」との藩庁の申し渡しを受ける。これは罪人としての遠島ではない。その証拠に、西郷にはひきつづき家禄が支給されている。

このおり、西郷を首領を仰ぐ精忠組の中には、大島に渡るよりは脱藩して肥後へ逃れ、長岡監物《けんもつ》(是容《これかた》・熊本藩家老)を頼って匿ってもらうのがよい、とする者もあった。天下は激動の真っただ中にある。離島にいては行動もままにならない。時流にも、取り残されてしまうというのだ。だが、西郷は首を横に振った。悲しみきわまる西郷にすれば、すべてを諦観しきった、悟りにも似た精神状態であったのだろう。

ただ志そのものは、決して捨ててはいない。西郷はこの機会に、これまで疎《おろそ》かになっていた学問に打ち込もうと、できるだけ多くの書物を持って大島へ向かった。

いずれにしても、月照は逝き、西郷は一命をとりとめた。西郷のことを、「仏学」はないが「仏理」＝仏の教えの道理を身につけている、と月照は述べたが、この評は西郷にふさわしいのかもしれない。

月照（げっしょう）　一八一三〜一八五八
勤王僧。文化十年（一八一三）、町医師玉井宗江（鼎斎）の子として、大坂に生まれる。京都清水寺成就院の住持。尊攘《そんじょう》運動にくわわり、安政五年（一八五八）、梅田雲浜《うんぴん》らと、水戸藩へ密勅（戊午《ぼご》の密勅《みっちょく》）をくだすのに尽力。同年の安政の大獄で、幕府に追われ、西郷隆盛らと薩摩《さつま》へ逃亡。薩摩藩から滞在を拒否され、十一月十六日、西郷とともに錦江湾に入水し、死亡した。四十六歳。俗名は玉井宗久。法名は忍鎧、忍向。号は中将房、無隠庵など。

島津久光

西郷だけは、許せん！

西郷と終生、解り合えなかった幕末、薩摩藩の〝国父〟は、それでも幕末の局面で、西郷の必要性を認めざるを得なかった。逆心の者にて死罪にしたかったが、仕方なく流罪とした――彼を遠島処分としながらそれでも足りない、彼の苛立ちが読み取れる。

大島（西郷の変名）の一件のことについては、非常に案じている。薩摩においては色々と異説（西郷を助けようとする動き）が生じていると聞いており、余計に気がかりだ。大島は実に逆心の者であって、本来ならば死罪を申し付けるほどの者だが、この度は死一等を減じて、一生返さざるところの流罪を申し付けることに決した。にもかかわらず、当人は讒言《ざんげん》によって罪に落とされたなどと申している由、いよいよもって誠に不届者である。

（「老臣喜入摂津あて書状」文久二年五月、『島津久光公実紀　第二』明治四十三年　島津公爵家編輯所）※筆者、口語訳

名君・島津斉彬のあとを受けて、薩摩藩の実権を掌握した〝国父〟島津久光から疎んじられた西郷は、文久二年（一八六二）、生涯二度目の遠島処分を受けている（徳之島《とくのしま》、さらに沖永良部島《おきのえらぶじま》へ配流）。それはまさに死ね、と言わんばかりの処遇であった。久光がどれほど西郷を憎んでいたのかを如実に示した史料が、冒頭の、国許にいた家老の喜入《きいれ》摂津（久高《ひさたか》）に宛てた書状である。西郷が六月に、薩摩の山川《やまがわ》港（現・鹿児島県指宿市）を出帆する一ヵ月前のことである。

このとき、久光は京都へ滞在していたが、国許の危険人物、西郷のことが気になって仕方ない様子が文面にあらわれていた。

ちなみに、西郷が一度目に遠島処分（潜居）となったのは三年前の安政六年（一八五九）、斉彬の死後、その父・斉興が隠居の身にありながら藩政に復帰し、新藩主茂久《もちひさ》（久光の実子・のち忠義）を後見していた時期。場所は、奄美大島であった。

さて、久光との軋轢《あつれき》には、西郷の側にも非があった。

西郷からすれば、敬慕した前藩主・斉彬の急死は、久光派による毒殺だと終生、信じていた

し、久光は久光で、一藩士にすぎない西郷の、中央での活躍を疎んじていた。

西郷は、先の久光による上洛計画において、事前の諮問《しもん》に対し、

「――かような企ては、先君（斉彬）のように人望、実力ともに備わった人でなければ成功いたしますまい。三郎（久光）様はジゴロでごわす。荷が勝ちすぎというものです」

とまで放言している。〝ジゴロ〟とは、薩摩の言葉で「田舎者」の意。久光にすれば、許し難い暴言であったろう。

そして何より、西郷は久光の命令を聞かない。上洛に先立って、久光から馬関《ばかん》（下関《しものせき》）で待機するよう命ぜられていたにもかかわらず、伏見の寺田屋で、薩摩藩の精忠組急進派がクーデターをくわだてていることを知ると、それを諫めようと西郷は、禁を破って上洛してしまった。

西郷二度目の遠島処分は、この時の、待機命令を破った罰と、彼が急進派を煽動していると の讒言を受けたためであった。当然といえば、当然であろう。この処罰は、藩内有志の嘆願によって元治元年（一八六四）に解かれることとなったが、その折りも久光は口惜しさの余り、銀のキセルの吸い口に、深い歯形を残したという。

このわだかまりは維新までつづき、明治四年（一八七一）七月、西郷や大久保らが主導するかたちで廃藩置県が断行されると、これに激怒した久光は、抗議の意を込めて自邸の庭で一晩中、花火を打ち上げさせている。

王政復古後の新政府の急激な開明政策——保守的な久光は、鹿児島に引き籠りがちとなった。が、西郷によって征韓論が起こされると、新政府に泣きつかれ、彼は内閣顧問および左大臣を拝命。政府を守護するシンボルとしての役割を与えられた。が、久光の国政に対する政策提言は、ことごとく容《い》れられず、彼は明治二十年十二月、七十一歳でこの世を去っている。

この間、西南戦争を起こすこととなった西郷は、鹿児島を焦土にして城山に散った。久光はこの時、国許にありながら局外中立を貫いている。結局のところ彼は生涯、西郷と相容れることはなかったのである。

島津久光（しまづ・ひさみつ）　一八一七～一八八七

幕末の薩摩藩で〝国父〟と呼ばれた事実上の指導者。文化十四年（一八一七）十月二十四日、薩摩藩十代藩主・島津斉興《なりおき》の五男に生まれ、分家重富《しげとみ》領一万四千石を継ぐ。異母兄であった十一代・斉彬が急死し、その遺命で自らの子・茂久《もちひさ》（のち忠義《ただよし》）が藩主となると、後見人として藩の実権を握った。文久二年（一八六二）、藩兵をひいて上京し、急進派藩士を伏見寺田屋に弾圧（寺田屋事件）。この一件で朝廷の信頼を得て、勅使・大原重徳《しげとみ》を奉じての江戸下向を実現。幕政改革を要求し、越前福井藩前藩主・松平春嶽の政事総裁職（実質的な大老）、一橋慶喜（のち十五代将軍）の将軍後見職就任を導き出した。しかし江戸からの帰途、藩士がイギリス人殺傷事件＝生麦事件を起こし、翌文久三年の薩英戦争をまねく。その後も公武合体路線を継続したが、慶応三年（一八六七）の〝四侯会議〟が挫折すると、西郷隆盛らの討幕論を容認した。維新後は内閣顧問・左大臣をつとめたが名誉職にすぎず、明治八年（一八七五）に隠退。明治二十年十二月六日、七十一歳で死去した。

土持政照

なんとしても死なすわけいはいかぬ男

遠島処分の咎人《とがにん》・西郷が沖永良部島で生き延びることができたのは、土持《つちもち》の尽力のおかげだった。西郷が中央政界で活動するのは四十歳を過ぎてからだが、実はこの期間なしに西郷は完成されなかっただろう。

殿様の命令書によりますと、西郷様を囲いの中に入れよと書いてありますが、囲いというのは家の中につくった座敷牢のことでございます。今、西郷様が入っているあれは、囲いではなく牢屋でございます。

（土持政照述、鮫島宗辛記『西郷隆盛謫居事記』を口語訳　一八九八年　有馬家文庫）

文久二年（一八六二）六月、薩摩藩〝国父〟島津久光の怒りに触れ、西郷は徳之島へさらに沖永良部島へと遠島処分となった。これは、明らかに流罪。奄美大島から海をわたって訪ねてきた、愛加那や子供達と再会したが、すぐに藩庁から、沖永良部島へ遠島の命令が届いた。八月、沖永良部島に着いた〝罪人〟西郷を、代官・黒葛原源助は付役の福山清蔵、間切横目の土持政照を連れ、馬で伊延港に迎えに行った。代官が、西郷に乗馬を勧めたが、罪人の身であることや、再び土を踏むことはないであろうと西郷は謝絶し、約四キロの道のりを和泊まで歩いた。

西郷にあてがわれたのは、与人《よひと》(島役人の要職)役所の敷地内に、松の木を縦横に組み合わせた、吹きさらしの牢屋であった。夏は酷暑、台風、蠅や蚊に悩まされ、冬は冬で、海からの寒風にさらされる。南方とはいえ、ふきっさらしは身に堪える。食事は、朝炊いた飯を、昼と夜は冷飯に湯をかけ、わずかな漬け物や、塩を食べるだけの粗末なものである。西郷は次第にやせ細り、衰弱していった。

この劣悪な待遇のために、蚊の指すままとされた西郷は、遠島の期間、「住血フィラリア」に感染したといわれている。「象皮病」ともいい、パンクロフト・フィラリア虫の寄生が原因とされる病である。フィラリア虫が下肢や陰囊《いんのう》の帰路淋巴《リンパ》管に入って分泌障害を起こし、脚や陰囊が肥大するのだ。

入牢から約二ヵ月がすぎた十月、衰弱しきった状態の西郷を哀れんだ土持政照が、動いた。

西郷を吹きさらしの外牢屋から屋内に入れ、代官黒葛原源助に、冒頭のような訴えを行い、与人役所の敷地内に座敷牢をつくる許可を勝ち取ったのである。

政照は、大工にゆっくり座敷牢を仕上げるように指示し、座敷牢が完成するまで、政照の家で過ごしてもらった。その後、座敷牢に移った西郷は、土持政照のおかげで救われたことに感謝し、「もし政照がいなかったら自分はあの牢屋の中で死んでいたであろう」と、政照と義兄弟の契りを交わした。

文久四年（一八六四）二月二十八日、許さて鹿児島へ戻った西郷は、当初、足が立たなかった。這いずりながら、主君・島津斉彬の墓参をしたという。

この遠島処分は、西郷にとって高くついた。西郷が隠遁を望んだ一因として、沖永良部島でかかえることになった持病があったことは、間違いなかろう。しかし一方で、土持という恩人・友人と、沈思黙考する十分な時間を、与えられたのである。

月照との入水事件、二度にわたる島暮らしで、西郷は大きく変わった。

土持政照（つちもち・まさてる）　一八三四～一九〇二
幕末・明治時代の島役人、社会事業家。薩摩藩領の奄美大島に生まれる。生地の沖永良部島和泊村で横目をつとめ、遠島処分により流されてきた西郷隆盛の牢を座敷牢に改築するなど厚遇し、西郷と義兄弟の契りをむすぶ。西郷の教えにもとづき、明治三年（一八七一）、凶作時にそなえる互助組織の社倉を設立。島の発展につくした。

愛加那

それでもなお、愛は消えず

島暮らし時代の西郷と、約二年の結婚生活を送った島妻。「遠島」処分となった西郷のもとへ、二人の子供をつれた愛加那が駆けつけるエピソードは、彼女の情の深さを伝えている。

召し使いおき候《そうろう》女（愛加那）、決して渡海いたさざるようお頼み申し上げ候。

（西郷吉之助より〈奄美〉大島代官所の木場伝内宛書状　文久二年八月二十日付）

安政五年（一八五八）十一月十六日、西郷は勤王僧・月照とともに錦江湾へ入水。一命をとりとめ、恢復した後、幕府の目から逃れるための「潜居」として奄美大島へ移されていた。幕府の追及を逃れるため菊池源吾と名を変え、島の代官所から禄をもらって龍郷《たつごう》（現・鹿児島県大島郡龍郷町）の借家で暮らしていた西郷が、島妻《とうさい》＝島女房《しまにょぼう》としてと結婚したのは、安政六年（一八五九）十一月のことであった。

万延二年（一八六一）正月二日には、二人の長子・菊次郎が生まれる。「菊」は西郷の島での名、菊池源吾からとったものであった。が、元号が文久に改まった同年の十一月に、西郷は藩から召喚を命ぜられる。このとき、愛加那はすでに二人目の子・菊草《きくそう》（のち菊子）を身ごもっていた。娘の菊草は文久二年（一八六二）七月二日に生まれている。

薩摩藩は島妻制度によって、その女性を連れ帰ることは禁じていた。約二年の結婚生活。文久二年正月十四日、西郷は龍郷を離れる。

藩命で呼び戻された西郷は、すぐに〝国父〟島津久光の怒りを買い、六月には大島三右衛門から大島吉之助へ改名させられたうえ、徳之島へ「遠島」が命ぜられる。

文久二年六月三十日、奄美大島の西古見《にしこみ》（現・大島郡瀬戸内町）に着く。西郷は龍郷の島役人・藤長《とうちょう》宛てに書状を出し、私が徳之島に参ったと知れば（愛加那が）渡りたいと言い出すだろうけれども、決してこちらへは来ぬよう申し付けてください、と書いた。しかし七月五日、西郷が徳之島に着いたことを知った愛加那は、島へ移ることを決める。

一方の西郷は八月十九日、大島代官所の木場伝内《こばでんない》からの書状を受け取り、菊草の誕生を知る。冒頭の手紙は、木場への返信であった。しかし、愛加那は聞かない。菊次郎と菊草を連れ、西郷のいる徳之島・岡前《おかぜん》へ渡る。

二度の制止も聞かず、西郷のもとへと飛んでいった愛加那。まだ、新たに生まれた娘の顔をみていない夫に一目――と考えたのでもあろうが、その行動力はそのまま、情の深さを感じさせているように思える。

ところが西郷は、愛加那とわが子たちに面会してすぐ、藩の「遠島」処分によって、沖永良部島へと流された。

元治元年（一八六四）二月、西郷は再び藩命によって呼び戻されることとなり、鹿児島への帰還中、奄美大島の龍郷に寄り、妻子とつかの間の再会を果した。二月二十六日、西郷は龍郷を出帆。これが西郷と、愛加那の永の別れとなった。

愛加那は島妻として、生涯一度も奄美大島を離れることなく過ごしたが、二人の子供は本土にわたっている。上の菊次郎は西南戦争のおり、膝下を切断する大けがを負ったが、叔父である西郷従道のもとに投降。のち、明治政府に仕官して、京都市長となっている。菊子は大山巌の弟・誠之助と結婚した。愛加那と西郷の夫婦生活は短いものであったが、彼女とその子供たちは、決して粗略な扱いを受けていない。これも、西郷の情の深さであろう。

愛加那（あいかな）　一八三六?～一九〇二

西郷隆盛の二人目の妻、奄美大島での島妻《とうさい》。父は大島龍郷《たつごう》（現・鹿児島県大島郡龍郷町）の名家である龍佐恵志《りゅうさえし》。安政六年（一八五九）十一月、大島に「潜居」していた西郷（当時は菊池源吾と変名）と結婚。西郷とのあいだに、菊次郎、菊草（菊子）。島妻として、生涯一度も奄美大島を離れることなく過ごした。明治三十五年（一九〇二）八月に死去。

川口雪篷

どん底でめぐりあった終生の友

西郷の書も詩も、技術ではなく、その精神より出づものだが、その師であったのが雪篷であった。趣味の世界の師は、やがて西郷の食客から、西郷家の教育係、家族同然となる。

またある時、南州〈南洲〉を訪ねるのに一里の道を迷いに迷って、朝出たのにやっと夕方になってから着いた。南州が「それは前代未聞のこと、狐にでもだまされたんですかな、これからは〈迂闊《うかつ》先生〉とでも着け替え申そう」と言ったら、雪篷は「どうでもお勝手に、名前はいくらでもあった方が便利です」と答えて、それから「われわれ二人はどちらでも先に赦免された者が、おくれた者を扶養すること」という約束を交わしたという。

（井元正流《いもとまさる》著『種子島』一九九九年　春苑堂出版）

西郷の長男・寅太郎は、生前の父を次のように回想している。

私等兄弟并《ならび》に従兄の隆準《たかのり》（吉二郎の長男）等は、父が沖の永良部島流謫中、昵懇《じっこん》であった川口雪蓬《せっぽう》翁から、読書を授けられて居たが、何れも悪戯盛りとて、却々雪蓬翁の言ふ事を聞かないので、見るに見兼ねた父は、

「ぢや俺が一つ教へてゃらう。」

と約一週間許り自ら教授してくれたが、どうにも思ふやうに行かぬと見えて、

「自分の子供は自分で教育するのは可くない。」と又も川口翁に一任した。

雪篷は、西郷家の食客であり、子どもたちの教育係でもあった。

雪篷の経歴については、諸説ある。代々、薩摩藩の江戸居付馬廻役として江戸藩邸に詰める藩士・川口仲左衛門の四男として、国許の種子島西之表村納曾《のうそ》に生まれた。本名は初め量次郎、俊作と改めている。雪篷を号したのは、明治五年（一八七二）九月からだという。

川口家は雪篷の生後、父の不始末により御役御免となり、鹿児島に引き揚げた。兄が鹿児島で家を再興したが、罪を犯して名跡を取り上げられたのに連座して、量次郎は沖永良部島へ遠

島になったとされている。が、どちらかといえば、島津久光の写字生として勤めていたが、藩の書物を質に入れ、焼酎を飲んでいたことが露見して沖永良部島に流されたする説の方が、有名であろう。

一方、文久二年（一八六二）、西郷が同じ島に流されたときに、雪篷は罪人ではないものの、わざわざ沖永良部へ往って西郷の書や詩作の指導をしたとする説もある。いずれにしても、西郷の沖永良部遠島のおりには、島に流されて西原村に住み、子供たちに読み書きを教えていた。

西郷とは初対面から意気投合し、西原から和泊の西郷の座敷牢まで毎日のように通い、書や詩作を教えるようになった。西郷の本土帰還の後、赦免されて鹿児島城下に戻るが、上之園の西郷邸に飄然と現れ、そのまま食客になった。西郷は国事に奔走して家を空けがちであり、男手が乏しい西郷家にあって、留守役のような役割をはたすようになり、西郷の子弟の書や漢学の師ともなった。西南戦争中に西郷家の男子が出征し、西郷家が女所帯となったのちも、一家と常に共にあった。

頭山満の回想では、明治十二年（一八七九）に鹿児島に西郷家をたずねたところ、「西郷家には、当時七十歳ぐらいの川口雪篷という詩書をよくする老人が家令をつとめていた」（実際は、六十二歳）

頭山は、「南州翁に会いたい」と言ったが、雪篷は「西郷が城山で斃れたことも知らないのか」と呆れたように一喝した。頭山はそれに答えて「西郷の精神ぐらいは残っているだろう」と答えたという。
豪放磊落で、文人らしい雪篷の姿がうかがわれる。彼のような男を食客として置けた西郷も、また幸せだったといえる。

川口雪篷（かわぐち・せっぽう）一八一八～一八九〇
江戸後期―明治時代の儒者、書家。大隅出身。通称は量次郎。別号に香雲。陽明学を学び、薩摩藩につかえる。酒の上の過失で配流された沖永良部島で西郷隆盛と交遊、書をおしえる。赦免後、西郷家に同居し、西南戦争後は女所帯の西郷家をささえた。隆盛の墓碑銘は雪篷の筆による。

4

雄飛

――幕末維新の西郷どん

勝海舟

いうにいわれぬよいところがあった

「おれだって多少の権謀を用いないこともないが、ただこの西郷の至誠は、おれでも欺くことができなかった」――天下の大事を決する人物は彼であると、西郷を評した彼は、明治の世に、彼の不在を嘆く。

例の豚姫の話があるだろう。豚姫というのは京都の祇園で名高い……もっとも始めから名高かったのではない。西郷と関係ができてから名高くなったのだが……豚のごとく肥えていたから、豚姫と称せられた茶屋の仲居だ。この仲居が、ひどく西郷にほれて、西郷もまたこの仲居を愛していたのよ。

しかし今のやつらが、茶屋女と、くっつくのとはわけが違っているよ。どうもいうにいわれぬよいところがあったのだ。これはもとより一の私事に過ぎないけれど、だいたいが

まずこんなふうに常人と違って、よほど大きくできていたのだ。(中略)
知識の点においては、外国の事情などは、かえっておれが話して聞かせたくらいだが、その気胆の大きいことは、このとおり実に絶倫で、議論もなにもあったものではなかったよ。
今の世に西郷が生きていたら、話し相手もあるに――。
(「氷川清話」『勝海舟全集第十四巻』昭和四十九年　勁草書房)

のちに幕臣・勝海舟とともに、江戸開城の立役者となる西郷は、禁門の変の時期、幕府側に立って公儀政体派の立場をとっていた。あくまで薩摩藩の利害をもって動いている。だからこそ、会津藩と手を組んで長州藩を京都から駆逐(禁門の変)、長州藩をこころよくおもってない十一藩の重臣、留守居などを三本木の「清輝楼」に集め、反長州世論を形成するなどの武闘派ぶりを示していた。

その西郷が、大坂に滞在していた海舟のもとを訪ねてきた。元治元年(一八六四)九月十一日――のちに永年の知己となった、海舟と西郷の最初の会談であった。

西郷は長州征伐を促進するために、幕府海軍を代表する立場でありながら、征伐そのものに批判的な海舟を訪問し、その軟弱ぶりを論破するとともに、打ちつづく内外の攻勢で半死半生の今こそ、長州藩の息の根をとめる絶好の機会であり、これを逃せば、かの藩はふたたび立ち上がって幕府に仇なすであろう、と強調したかったようだ。

もっとも、西郷は食えない男でもある。名君・島津斉彬に見出され、一橋慶喜の十四代将軍就任の工作に従事、失敗して二度の遠島をはさんで薩摩藩の大立者となったこの男は、本来、権謀術数にかけては、己れに自負する心が強かった。

このおりも心底では、長州征伐で薩摩の武力を天下に誇示し、次代のイニシアティブを握って、あわよくば反幕勢力を結集する宣伝にも使いたい、といったしたたかな企てを秘めていた。

その西郷が海舟を前にして、幕府の長州追討に対する優柔不断ぶりを罵倒した。海舟は四十二歳。西郷、ときに三十八歳。

海舟はいった。

「およそおっしゃる通りだ」

と。海舟の説得方法は生涯、変わっていない。まず、相手にいわせるだけいわせて、それを丸飲みする。そして一気に反転——。

「幕府はいま、一時の安きを偸《ぬす》んで、百年の大計を忘れている。まるで、時勢というものが見えていない」

西郷は息をのみ、かつ慄然とした。西郷にすれば長州出兵に異議を唱える海舟個人こそが、時勢の見えない愚か者であるはずであったが、当の海舟は己れを置いてきぼりに、いきなり高飛車で痛烈な幕府批判を西郷にくらわせた。

それはおそらく、薩摩藩とはいえ、幕藩体制の中で生きてきた西郷にとっては、これまで聞いたことのない〝暴論〟であったに違いない。しかも、しゃべっているのは幕府の現職・軍艦奉行並の海舟である。

海舟は政敵ともいうべき老中・諏訪因幡守（忠誠《ただまさ》）の名をあげた。

「正論をもちこめばごもっともだと同意し、決して反対はしない。それでいて実行もしない。正論であることよりも、自分一個の利益になるか否かですべてを決してしまう。正論でも自分に不利益だと判断すると、裏へまわってその人物を退ける。だからだれも正論をはかない」

西郷は呆れる思いで幕府の舞台裏を聞くと、そうした奸物を退ける策を質した。

「一小人を退けるのはたやすいが、また新たな一小人がおきる。結局、いまの幕府は議論をする者が倒れるということになっている」

無駄だ、と海舟はいった。むしろ、それよりも天下に賢明な諸侯が、それぞれ藩兵を従えて上洛し、会盟して兵力を常備する。そのうえで横浜、長崎の港をひらき、列藩同盟の名によって正々堂々の談判をやるべきだ。

そうすれば、幕府が交した屈辱的な条約——治外法権、関税自主権のない修好通商条約——

も改正できるであろうし、欧米列強とて条理には服すに違いない。

要するに、

「幕府を眼中に置かず、天下の賢侯をもって大事に任ずることです」

海舟はこれまで積み上げてては崩されてきた雄藩代表会議のことを、熱心に西郷へ語った。さしもの西郷も、一言もない。海舟の説明は、明らかに幕府を否定する方向を示していた。もし、このおり西郷が聞いた話を、幕閣のしかるべき要人、たとえば老中・板倉勝静《かつきよ》（備中松山藩主）にでも言上に及べば、間違いなく海舟は切腹させられていたであろう。

西郷は、海舟の言葉を胸にしまい込んだ。

この瞬間、西郷は海舟によってはじめて、己れの世界観、新国家の青写真をもちえたといえる。西郷は海舟に深々と頭をさげた。とてもかなわない、と思ったからだ。

海舟の視点は同時代人のそれをはるかに凌駕していたが、これまで幾多の経験や蓄積、いいかえれば問題意識を持ちつづけてきた人々には、その説は納得がいった。

海舟の言論は決して非常識な、地に足の着かないものではなく、むしろ堅実な成果の積み重ねの、その〝先〟にあるものであったことは重要である。

だからこそ、西郷は海舟に、敬意と信頼をもって接したのだ。

勝海舟（かつ・かいしゅう）　一八二三〜一八九九

幕末から明治にかけての武士、官僚。石高41石余の旗本・勝小吉《こきち》（惟寅《これとら》）の長男として、江戸に生まれる。父の小吉は、自伝『夢酔独言』で知られる。従兄には幕末の剣聖・男谷精一郎《おだにせいいちろう》（信友《のぶとも》）がいる。諱は、はじめ義邦《よしくに》、のち安芳《やすよし》。通称は麟太郎。長崎海軍伝習所で航海術を修得後、安政七年（一八六〇）、幕府遣米使節の随行艦・咸《かん》臨丸《りんまる》の軍艦操練所教授方頭取《きょうじゅかたとうどり》（実際上の艦長）として渡米。帰国後、軍艦奉行並にすすみ、神戸海軍操練所を開く。隣接する私塾では、坂本龍馬らの志士が学んだ。慶応四年（一八六八）、海軍奉行、ついで陸軍総裁、陸軍取扱となり、旧幕府方を代表して西郷隆盛と交渉、江戸無血開城を実現した。明治六年（一八七三）、海軍卿兼参議となるが、翌年、官職を辞す。徳川家の後見と旧幕臣の生活救済につとめた。明治20年に伯爵、翌21年、枢密顧問官。おもな著書に『氷川清話《ひかわせいわ》』、編修書に『開国起原』『海軍歴史』『吹塵録《すいじんろく》』などがある。

坂本龍馬

少しく叩けば少しく響き、大きく叩けば大きく響く

西郷の器の大きさをまず評価していた龍馬。その大上段に立った評価の中で、はからずも彼の本質を指摘していた。西郷には彼を叩く者、彼を叩くような難局を必要としていたのである。それがなければ、彼はその器を活かせない。

坂本龍馬が、かつておれ（勝海舟）に、「先生はしばしば西郷の人物を賞せられるから、拙者もいって会ってくるにより添え書きをくれ」といったから、さっそく書いてやったが、その後、坂本が薩摩から帰ってきていうには、「なるほど西郷というやつは、わからぬやつだ。少しくたたけば少しく響き、大きくたたけば大きく響く。もしばかなら大きなばかで、利口なら大きな利口だろう」といったが、坂本心なかなか鑑識のあるやつだよ。

（「氷川清話」『勝海舟全集』昭和四十九年勁草書房）

維新回天の英傑・坂本龍馬は、師の勝海舟の紹介で、西郷と知り合っていた。

「なるほど西郷という奴は、わからぬ奴だ。少し叩けば、少し響き、大きく叩けば、大きく響く。もし、馬鹿なら大きな馬鹿で、利口なら大きな利口だろう」

という有名な台詞は、西郷を訪ねて戻ったとき、龍馬が海舟に告げた言葉であった。

海舟が設立し、その隣の私塾で龍馬が学んでいた神戸海軍操練所は元治二年（四月七日に慶応と改元）三月十二日に閉鎖となり、一度藩籍に戻ったものの、帰藩を命じる土佐藩に逆らったため、龍馬ほか土佐出身者は、再び脱藩者となってしまい、新撰組の浪人狩りに脅える境遇となってしまった。龍馬が薩長同盟の仲介役となるのは、この一年後のことである。

蛇足ながら、右の文中の小さく、大きくというのは、〝五経《ごきょう》〟の一つ『礼記《らいき》』の出典を海舟が応用した言葉のように思われる。

「之《こ》れを叩くに小なる者を以《もっ》てするときは、則《すなわ》ち小さく鳴り、之《こ》れを叩くに大《だい》なる者を以てするときは、則ち大きく鳴る」（小さなもので叩けば、小さな音が出、大きなもので叩けば大きな音が出る。質問が平易なものなら、師の答えもまた、それに応じて小さな平易なものしか返ってこないが、反対に、大きく深い道理をとらえて質問したものに対しては、大きく深い道理をもった答えが返ってくる。師は大きな質問をなし、大きく鐘を叩く者の来るのを待っている）。

まさに、人と人との出会いそのものをこの名言は語っていた。

坂本龍馬（さかもと・りょうま）一八三五～一八六七
幕末の武士。土佐藩高知城下の郷士・坂本直足《なおたり》の次男として生まれる。龍馬は通称で、名は直陰《なおかげ》、のち直柔《なおなり》。才谷《さいたに》梅太郎などの変名でも知られる。嘉永六年（一八五三）、江戸に出て修学中、ペリー来航を体験。佐久間象山《さくましょうざん》（ぞうざん、とも）より西洋流砲術を学ぶ。文久元年（一八六一）、武市半平太《たけちはんぺいた》ひきいる土佐勤王党に加わるが、翌年、脱藩して勝海舟の門下生となる。開国論にめざめ、神戸海軍操練所に隣接する海舟の私塾で航海術を修得、塾頭をつとめる。慶応元年（一八六五）、長崎で海運・貿易業を中心とした組織「亀山社中」を創設。翌慶応二年、西郷隆盛と木戸孝允を仲介し、薩長同盟の成立に貢献する。慶応三年には、「亀山社中」を発展的に解消して「海援隊」を設立、隊長に就任。同年、龍馬が考案した「船中八策」は、土佐藩による大政奉還・公議政体論の基礎となったが、十一月十五日、京都・近江屋で中岡慎太郎とともに暗殺される。

中岡慎太郎

実に知行合一の人物也

西郷を評して、その誠実さを、己れが敬愛する土佐勤王党のリーダー・武市半平太になぞらえた中岡。実に知行合一《ちこうごういつ》の人物、西国一の英雄と絶賛する。

天下の勢、変遷一《いっ》ならず。有志の眼を着くべき所、果して何所《いずこ》にあるか。都《すべ》て相分りかね候へども、当地辺りは天下の人傑往来仕り候故、時に後れ兼ね申候《もうしそうろう》。当時、洛西の人物を論じ申候へば、薩藩には西郷吉之助（隆盛）あり。為人《ひととなり》肥大にして後免の要石《かなめいし》にも劣らず、古《いにしえ》の安倍貞任《さだとう》などは斯くの如き者かと思はれ候。此の人学識あり胆略あり、常に寡言にして最も思慮深、雄断に長じ、偶ゝ《たまたま》一言を出せば確然人の肺厨《はいふ》を貫く。且《か》つ徳高くして人を服し、屢々艱難《かんなん》を経て事に老練す。其の誠実武市《たけち》（半平太）に似て学識これある者、実に知行合一の人物也。是れ即《すなわ》ち洛西第一の英雄に御座候。

（『時勢論』慶応元年頃）

慶応元年（一八六五）天下六十余州のうち、幕府を敵に回して戦い、〝回天〟＝維新の可能性がある勢力といえば、いままさに、第二次長州征伐の計画によって幕府に攻め潰されかかっている長州藩と、局外中立の立場を維持する薩摩藩のみであり、この両藩を連合させる以外に〝ご一新〟の可能性はない、と中岡慎太郎は考えていた。

弾圧により壊滅した土佐勤王党は、中岡を中心に長州藩と行動をともにするグループと、神戸海軍操練所で航海術に勤《いそ》しんでいた坂本龍馬のグループとに分かれたものの、主義主張の異なる中、中岡は龍馬に薩長同盟の案を持ちかけ、ともに同盟交渉に奔走するきっかけを作った。

具体的には、薩摩藩との交渉には中岡があたり、長州藩の説得には龍馬があたる、二人の、車の両輪のような活躍が開始されたのである。桂小五郎（のち木戸孝允）長州との会談のテーブルに、西郷（薩摩）の参加を求めるべく、中岡は薩摩に向かって下った。

適材適所とはよくいったものだ。中岡には龍馬の飄々《ひょうひょう》として風貌、愁然たる気風や、人を和ませる人望には乏しかったが、交渉ごとなどでは、真正面から切り込む真摯《しんし》さ、何ものにも動じない迫真の気風は、この大役にうって付けであったろう。

長州が禁門の変で潰走したときである。中岡は勤王志士の裏切者として、西郷を刺そうとした。以前から西郷と面識のあった中岡は、護衛が二十人もとり囲むなかを単身、堂々と乗り込

み、

「薩摩はいつから、佐幕になられたか！」

と西郷を一喝したが、あまりに中岡の形相がすさまじく、さしもの屈強で鳴る薩摩隼人たちも容易に手が出せなかったという。中岡には眼を据えて相手に迫る異様とも思える気迫と、人の矜持《きょうじ》に斬り込むような言辞、緻密すぎるほどの論理による説得力があった。

「断じて行えば鬼神もこれを避く」

中岡は気迫で西郷を押した。「薩長同盟」が天下万民を救済する唯一の方法だと確信し、討幕の大義に基づいて西郷を縷々《るる》説いた。この気迫こそは、相手を納得させる切り札といえるのかもしれない。

やがて龍馬は、暗礁に乗りあげた「薩長同盟」構想を、現実の利害問題を優先させることによって、突破口を見いだした。目的のためには手段を再考する——海舟ゆずりの、柔軟な龍馬らしい応対であった。残念ながら中岡には、この種の手品はできなかったに違いない。

慶応二年（一八六六）正月、縺《もつ》れに縺れた薩長同盟は、ようやくにして締結の運びとなる。結果からみれば、当然のごとくに見える攻守同盟であったが、当時の情勢では〝画餅〟と一般にはみられていた。

もし、中岡と龍馬の二人が揃わなければ、決してこの同盟は成らなかったに相違ない。

同年二月、二人は土佐藩から脱藩の罪を許され、のちに中岡は陸援隊長に、龍馬は海援隊長に任ぜられる。

中岡慎太郎（なかおか・しんたろう）　一八三八～一八六七
幕末の尊攘運動家。天保九年四月十三日、土佐安芸郡柏木村（現・高知県安芸市）の庄屋の家に生まれる。文久元年（一八六一）、土佐勤王党にくわわる。同三年に脱藩し、慶応二年（一八六六）、坂本龍馬らと薩長同盟を成立させた。慶応三年、陸援隊を組織したが、同年十一月十五日、京都で龍馬とともに幕府見廻組におそわれ、十七日に死去した。三十歳。名は道正。号は迂山。変名に石川清之助など。

木戸孝允

西郷たいていにせんか！

薩長同盟交渉以来、維新回天のため共闘してきた西郷の人物を、木戸は高く評価していた。悪漢とも思っていない。が、エリートであった彼は、西郷の見識なきゆえの危うさをも理解していた。

西郷の所業甚《はなは》だ悪《にく》むべし。雖然《しかれども》朝廷も反省なくんはあるべからす。孝允は都下に住し、折節《おりふし》政府の人に接し、而て尚疑ふもの亦不少《またすくなからず》。況《いわん》や於辺境乎《へんきょうにおいてをや》。
西郷も決して（足利）尊氏が如き奸悪に非ず。惜哉《おしいかな》識乏くして時勢を知らず。一朝の怒を洩らすに己れの長ずる所を以て身を亡し又国を害するなり。所長を以て身を誤まる古今皆是れなり。短なる所を以て身を誤まるもの鮮《あざ》し。西郷悪むべしと雖亦憐むへき者なきにしも非す。

（「明治十年三月一日三条実美・木戸孝允宛岩倉具視意見書への来書」
『岩倉具視関係文書　第七』昭和四十四年東大出版会刊）

天保四年（一八三三）六月、桂小五郎（のち木戸孝允）は長州藩医・和田昌景《まさかげ》の子として、父が五十四歳のおりに生まれている。八歳のおりに隣家の桂家（百五十石）へ養子入りしている。養父の孝古《たかふる》がすぐに亡くなったこともあって、彼は実家の経済力にも支えられ、比較的自由な家庭環境の中で幼少期をすごしたといえそうだ。

藩の中流藩士の子として、当時としては富裕な生活を送っていた桂は、藩校の「明倫館」に学んでも、特段、学才を謳われるようなことはなかった。剣の腕も、大したものではなかったようだ。その桂の人生が、大きく〝動く〟のは、十七歳のおり。吉田松陰の門下生となったことが、のちに長州藩内で彼が重きをなすことにつながっていく。

二十歳で江戸の「練兵館」の塾頭となった同じ年、ペリーが黒船四隻を率いて、突如として浦賀へ来航した。嘉永七年（一八五四）三月の日米和親条約につづく、安政五年（一八五八）六月の日米修好通商・条約の締結。大老・井伊直弼《なおすけ》の〝安政の大獄〟は、桂の師・松陰を処刑することにつながった。

長州藩は一藩狂躁《きょうそう》したようになり、尊王攘夷をかかげて幕府と対立する。

一時期、京都の朝廷にあって、惑星のように出現した長州藩は、世界の情勢に疎い公家たちを抱き込み、幕府を追いつめたが、文久三年（一八六三）八月十八日の政変、それにつづく元治元年（一八六四）六月の池田屋事件で、逆に幕府に追いつめられることになる。池田屋事件では、定刻前に池田屋に現われた桂は、人の集まりが悪いので、改めて出直したため、九死に一生、剣難を逃れることができた。

いよいよ後のない長州藩は、一ヵ月後に、藩士及び勤王志士たちの武装上洛を決行。だが、薩摩藩と会津藩を主力とする諸藩の軍勢に完敗してしまう。桂はこのときも逃げ延び、遠く但馬国（現・兵庫県）出石《いずし》まで逃亡した。

幕府の第一次長州征伐、四ヵ国連合艦隊の下関攻撃――亡国に近づいた長州にあって、松下村塾の同門でもあった高杉晋作が決起、藩はやがて急進派へと政権が移り、そうした動きを見定めたうえで、桂は忽然とその姿を国許へ現わした。

慶応二年（一八六六）正月八日、長州藩を代表する彼は、京都の薩摩藩邸に入り、小松帯刀、西郷隆盛、大久保利通らと会見。仲介役の坂本龍馬の到着後、ついに薩長連合を成立させる。このとき、桂は三十四歳であった。

この秘密連合を原動力に、〝回天〟の偉業は成り、明治政府が誕生したが、最大級の貢献者である桂改め木戸孝允の寿命は、このあと十年ほどでしかなかった。明治十年（一八七七）五月、西南戦争の帰趨《きすう》を心配しつつ、彼は四十五歳の生涯を閉じた。死の直前、重態の中で、木戸は「西郷たいていにせんか」と叫んだという。

志士の経歴が最も長かった木戸は、生き延びたものの心身ともに疲労困憊していたのである。

この「たいていにせんか」という西郷への思いは、「西郷の所業甚だ悪むへし」という一文にも、あらわれている。

木戸孝允（きど・たかよし）　一八三三～一八七七
幕末・明治時代の政治家。天保四年六月二十六日生まれ。長州藩医・和田昌景の次男。桂孝古の養子。嘉永二年、吉田松陰に兵学を学ぶ。のち江戸に遊学する。小五郎と称し新堀松輔の変名もつかった。慶応元年、木戸と改姓。西郷隆盛と薩長同盟をむすび討幕をはかる。明治新政府の中枢にあって「五箇条の御誓文」の起草版籍奉還廃藩置県を主導した。明治三年、参議となり四年岩倉遣外使節団の全権副使。内政重視の立場から征韓論に反対台湾出兵にも反対して独裁をつよめる大久保利通と対立、政権の主流からはなれた。西南戦争のさなかの明治十年五月二十六日、病死。四十五歳。号は松菊《しょうぎく》木圭など。

アーネスト・サトウ

黒ダイヤのように光る大きな目玉

幕末のイギリス外交官で、日本びいきのサトウは、イギリス人らしい客観性で西郷の人物を観察する。その描写は、西郷の塑像をもっとも鮮明に表現していた。

私たちが食事の席につくや否や、西郷が到着したとの知らせがあったので、急いで飯をかっこみ、すぐに薩摩人の別の定宿へかけつけだ。前から、もしやと疑っていたのだが、西郷は、一八六五年十一月に島津左仲《さちゅう》と称して私に紹介された男と同一人物であることがわかった。そこで、私が偽名のことを言うと、西郷は大笑いした。型のごとく挨拶をかわしたあとも、この人物は甚だ感じが鈍そうで、一向に話をしようとはせず、私もいささか持てあました。黒ダイヤのように光る大きな目玉をしているが、しゃべるときの微笑には何とも言い知れぬ親しみがあった。

（アーネスト・サトウ著　坂田精一訳『一外交官の見た明治維新　上』昭和三十五年　岩波文庫）

文久二年（一八六二）、英国公使館通訳生として日本の土を踏んだアーネスト・サトウは、ときに十九歳だった。当初から日本駐在を希望していた彼は、イギリス外務省に通訳生として入省し、北京で研修を受けて日本へ派遣されるや、またたく間に日本語をマスターしてしまった。

難解な候文《そうろうぶん》が読めたばかりか、大名、旗本の言葉遣い、世上の俗語、方言まで的確に聞きとるだけの語学力を有した。

そのサトウの上司、イギリス公使がサー・ハリー・パークスであった。

彼は、ややもすればアメリカ中心になりつつあった列強外交を、イギリス主導に切りかえた敏腕の外交官であったが、その元気の源は、頑健さと下品さ、並はずれた怒りっぽさにあったといっていい。

交渉の場で、日本人独得の〝ぶらかし〟や曖昧《あいまい》さに直面すると、パークスは顔面を朱にして怒り、誰彼構わず、きわめて品のない英語で捲立《まくし》てた。交渉相手を怯えさせるのが、交渉の最も早道だ、とパークスは信じていた。

この猪武者《いのししむしゃ》のような上役に、婉曲ながら、

「日本では、その流儀は通用しません」

とたしなめ、翻意させようと努力したのが、サトウであった。彼は幕末期、武士のあいだで流行した「虚喝《きょかつ》」(恫喝と同義語)という語の意味をいち早く把握し、

「日本のサムライは知識人で、ヨーロッパとかわらぬ学問、教養を有している。ただ、文明の系列が欧米とは違うだけのことです」

と述べ、パークスに「虚喝」は、いたずらに日本人の反感と侮蔑を買うばかりだ、と忠告もしている。聡明なパークスは、得意の威嚇外交を展開しつつも、サトウの情勢分析には耳を傾けた。めざましい成功といわれるパークス外交は、三十歳になるかならぬかの、この一通訳官なくしては、到底、覚束なかったであろう。

そしてパークス外交の、最大の成果こそが、

「一八六八年の革命」

と後年、サトウ自身が回想録に記した明治維新であった。

その前提となる、幕末の世論を沸騰させる構想を打ち出しだのも、サトウであった。

「私は京都の情勢を聞くために、西郷に会いに薩摩屋敷へ行った。西郷は、現在の大君《タイクーン》政府の代わりに国民議会を設立すべきであると言って、大いに論じた。(中略)反大君派の間ではこ

うした議論がきわめて一般的になっていると聞いていたが、これは私には狂気じみた考えのように思われた。」(『一外交官の見た明治維新　上』)

「京都に列侯会議を」

慶応二年(一八六六)、パークスに相談することもなく、サトウは横浜で発行されていた「ジャパン・タイムズ」に、日本の混乱を収拾するための提案「English Policy」を発表した。「日本は混乱を鎮めるためにも、その政治形態を改造したほうがよい。もっとも効果的なのは、将軍が本来の姿—諸侯の地位に下ることである。その上で帝を戴き諸侯=列侯の連合体が、支配勢力を担って政治を担当するのが妥当であろう」

識見であった。サトウは一私人としてこれを発表したのだが、この論説は邦文に訳され、広く日本国内に流布していく。しかも、いつしかその表題は、『英国策論』と公的な響きのものに変わってしまった。薩摩藩の西郷隆盛も、長州藩の桂小五郎《かつら》(木戸孝允《きどたかよし》)もこれを読み、前後してサトウに会っている。

アーネスト・サトウ(Satow Sir Ernest Mason)　一八四三〜一九二九
イギリスの外交官。ロンドン出身。ユニバーシティー・カレッジ卒。文久二年(一八六二)、横浜領事館員として来日。オールコック、パークス公使につかえる。「ジャパン・タイムズ」に匿名で発表した「英国策論」は倒幕派に影響をあたえた。のち駐日公使、駐清公使などを歴任。通算二十二年間、滞日している。日本名は佐藤愛之助。号は薩道。

徳川慶喜

今幕府に西郷に匹敵すべき人物ありや

西郷という薩摩の討幕派によって、その身を王座から引きずり下ろされた最後の将軍は、また西郷によってその生命を救われ、自ら必死に守った徳川家をも救われた。

板倉伊賀守（勝静《かつきよ》・老中《ろうじゅう》）9来りて、将士の激昂大方《おおかた》ならず、このままにては済むまじければ、所詮、帯兵上京の事なくては叶うまじき由を反復して説けり。〈中略〉試みに問わん、今幕府に西郷吉之助に匹敵すべき人物ありやといえるに、伊賀守しばらく考えて、「無し」と答う、「さらば大久保一蔵《いちぞう》（利通）ほどの者ありや」と問うに、伊賀守また「無し」といえり。予、さらに吉井幸輔《こうすけ》（友実）以下同答の名ある者数人を挙げて、「この人々に拮抗し得る者ありや」と次々に尋ぬるに、伊賀守また有りということ能わざりき。

因《よ》りて予は、「このごとき有様にては、戦うとも必勝期し難きのみならず、遂にはいたずらに朝敵の汗名を蒙るのみなれば、決して我より戦を挑むことなかれ」と制止したり。

（徳川慶喜編　大久保利謙校訂『昔夢会筆記　徳川慶喜公回想談』昭和四十一年　平凡社東洋文庫）

慶喜は御三家の一《いっ》で、俗に〝天下の副将軍〟と称されていた水戸徳川家に、藩主斉昭（烈公）の七男として生まれた。天保八年（一八三七）九月二十九日のことである。

御三家の一・水戸藩主の徳川斉昭《なりあき》の子に生まれ、将軍の一族である〝御三卿〟の一・一橋家に入り、文久二年（一八六二）七月、将軍後見職となり、幕末の多難な政局にその主導的な役割を果たした。

欧米列強の侵略の口実となる日本の内戦を阻止し、自ら徳川幕府に引導を渡した名将軍・江戸無血開城の決断者ともいわれるが、将帥《しょうすい》（リーダーシップ）必須の条件である、決断したからにはぶれない、意志貫徹するという、重大責務ができなかった人物にも思える。換言すれば、才走り過ぎて腹が据わっていなかった、ということである。

文久三年三月、十四代将軍・徳川家茂《いえもち》は情勢に押されるようにして、二百三十年ぶりに将軍として上洛を果たし、勢いづく朝廷の尊王攘夷派の公家たちに責めたてられ、できもしない攘夷＝欧米列強への攻撃を約束させられてしまった。その責任の大半は後見職の慶喜にあったといってよい。四月二十二日、慶喜は江戸へ向かって京都をあとにした。

実はこのとき、老中格・小笠原長行《おがさわらながみち》らの挙兵上洛計画が具体化し、すでに将軍家茂のつれている三千に加えて、一千五百の兵をもって、一挙に畿内を制圧し、幕府に仇なす尊攘派を殲滅しよう、とのクーデター計画があった。この計画に慶喜はゴーサインを出している。

この才人は、手応えを感じるとそれに乗る。しかし、この武装上洛案は、瀬戸際で降りていた。慶喜の心中では成功が覚束ない、と読み替えたのだろう。小笠原長行による攘夷派一掃の目論見《もくろみ》は、六月四日、将軍家茂の命で阻止された。が、このクーデター失敗後、二ヵ月を経て、会津藩兵と薩摩藩兵を主力とする八月十八日の政変が勃発《ぼっぱつ》している。

政局の収拾に当たるべく、慶喜は再び上洛したが、彼はかつて己れを支持してくれた諸侯が、参豫《さんよ》会議を催すべく集まっていたものを独断で潰してしまった。八・一八政変により、薩摩藩の存在が抜きんでて大きくなっていたのが許せなかったのである。

ならば、なぜ自らが先のクーデターを最後までやり遂げられなかったのか。将軍となっても、このクルクル回る慶喜の頭は、幕臣たちを混乱させ、つかれさせ、結果として鳥羽・伏見の敗戦により、ようやく幕引きとなった。

もし、慶喜が「豹変」せず、果断に小笠原を支持していれば、ここでも歴史は間違いなく変わったはずだ。

江戸無血開城で、西郷や勝海舟らの働きで首のつながった慶喜としては、何をさておいても、西郷を称揚せねばならぬ立場にあったことは間違いない。

徳川慶喜（とくがわ・よしのぶ）　一八三七〜一九一三
江戸幕府十五代将軍。徳川御三家の一で水戸藩主・徳川斉昭《なりあき》の七男として、江戸小石川の藩邸（現・文京区後楽）に生まれる。その後、水戸に移され、同地で十一歳まで厳しく育てられた。聡明さと血筋をかわれ、徳川御三卿の一・一橋《ひとつばし》家をつぐ。次期将軍候補と期待されるも、安政五年（一八五八）、安政の大獄のきっかけとなった登城のため以降、登城禁止に。対立候補の紀州藩主・徳川慶福《よしとみ》（家茂《よしもち》）が十四代将軍に決まり、翌安政六年八月、隠居・謹慎に処せられる。桜田門外の変での大老・井伊直弼死後、謹慎解除。文久二年（一八六二）、家茂を補佐する将軍後見職に就き、政局に応じて禁裏御守衛総督・摂海防禦指揮に転任。慶応二年（一八六六）、十五代将軍に就任し、幕政改革を進めるも、翌慶応三年、大政を奉還をへて将軍職を辞任。慶応四年正月、鳥羽・伏見の戦いに敗れて海路逃走し、江戸で謹慎。江戸開城後は水戸、ついで駿府に謹慎をつづけた。明治二年（一八六九）、謹慎を解かれたが、以後、公の場には出ず、政治とも距離を置いて、狩り、西洋絵画、写真、手芸（刺繍）、囲碁などの趣味に生きた。明治明治十三年、正二位に叙せられ、同三十一年に参内して明治天皇と面会。同三十五年、公爵となった。

篤姫

吉之助、逃げたな！

自らが薩摩藩から徳川将軍家に嫁入りするさい、婚礼道具の手配を受け持った西郷が、今度は敵方として江戸へ現われた。かつての家臣がとった態度とは……

敵ながら御縁辺のことゆえ薩藩の西郷吉之助へ徳川御家の為を思い尽力いたすべき旨、御談相成し候ところ、「ごもっともの次第に付、如何様とも骨折り申すべき旨、お受けいたし候」しかして、其侭召し応ぜず逃去り候御次第、言語断長、大息遊ばされ、宮様をもって君侯へ徳川の為を思召され、御尽力の程ひとえに相願いたき段、御使与して進ぜられ候事……。

（仙台藩主・伊達慶邦宛「口演書覚《こうえんしょおぼえ》」より）

慶応四年（一八六八）正月、鳥羽・伏見の戦いで新政府軍に敗れた、十五代将軍徳川慶喜は、海路、大坂から江戸へ戻り、同月の十二日、江戸城に入った。官軍となった薩長同盟軍との争いに益なしと判断した彼は、徳川家が「朝敵」の汚名を着せられることだけは避けるべく、恭順の意を表することを第一と考える。そのため慶喜は、江戸に戻ったその足で静寛院宮（十四代将軍徳川家茂の正室・和宮）と天璋院（十三代将軍徳川家定の正室・篤姫）に面会を求めた。

徳川家存続のため、朝廷に対する嘆願書を書いてくれるよう懇願するためであった。静寛院宮は今上天皇の叔母にあたり、朝廷内の討幕派の首領・岩倉具視はかつて、和宮降嫁を積極的に働きかけた人物であった。一方の天璋院は、討幕派の事実上の主将ともいうべき、西郷隆盛が婚礼の実務をとった女性である。

慶喜を救ったのは、天璋院であった。

「天璋院は、しまいまで、慶喜が嫌いサ。それに、慶喜が、女の方はとても何も分りゃしないといったのが、ツーンと直《じ》きに奥へ聞こえているからネ。そして、ウソばかり言って、善いかげんに言ってあるから、少しも信じやしないのサ。」（巌本善治編『海舟座談』）

右は勝海舟の回想譚の一節であるが、天璋院は徳川家が被っている緊急事態、事の切迫が理解できた。否、彼女自身もいたたまれぬ思いであったはずだ。なにしろ、攻めてくる官軍の主力を担うのは、自らを大奥へ送り出した薩摩藩島津家であり、今、攻め滅ぼされようとしているのは、婚家の徳川宗家であった。

天璋院の取り成しもあって、三日後の十五日、ようやく慶喜は静寛院宮に面会が叶い、大政奉還以後の顚末《てんまつ》を語って、終始その弁明につとめた。さらに十六日、慶喜は退隠の決意と後継者の選定および謝罪について、静寛院宮に朝廷へ働きかけてほしい、と懇願する。しかし、静寛院宮は冷静に謝罪の周旋のみを引き受けた。天璋院による説得も、あったであろう。

このとき、幕府側では前将軍・徳川慶喜は、上野寛永寺の大慈院に蟄居しており、幕閣を取り仕切るのは陸軍総裁（正月二十三日就任）の勝海舟となっていた。

三月十五日を江戸城総攻撃の予定日とし、東海道・中山道から包囲作戦を試みる東征軍に対して、徳川方の兵馬の大権を一任されている海舟としては、第一に主君慶喜の生命《いのち》を守ること、そして、江戸百万の市民の生命財産を保護することが、自らに課せられた使命であった。

「なんとかなるかもしれねえな」

と勝が内心思ったのは、江戸城に静寛院宮、天璋院の二夫人がいることに加え、東征軍を事実上、取り仕切っている敵将が、かねてより親交のあった、西郷隆盛であったことに拠る。

二人は江戸総攻撃でまさに、互いを意識していたといえる。

西郷を待ち受けていた勝は、この日、直ちに薩摩藩邸に出向くと、西郷に面会している。

当日の『海舟日記』によれば、「高輪薩州の藩邸に出張、西郷吉之助へ面談す。後宮《こうきゅう》の御進退、一朝不測《ふそく》の変を生ぜば、如何ぞ其《そ》の御無事を保たしめ奉らん哉《か》。此事、易《やす》きに似て、其《その》実は甚《はなは》だ難し。君等熟慮して、其《その》策を定められむには、我が輩もまた宜《よろ》しく焦思《しょうし》して、其《その》当否を慮《はか》らむか。戦と不戦と、興《こう》と廃《はい》とに到りて（は）、今日述ぶる処にあらず。乞う、明日を以て決せむとす、と云う。」とある。

つまり、静寛院宮と天璋院をこちらは人質に取っている、その安否について勝は語っていた。すでに正月二十二日には、朝廷から勝宛てに、静寛院宮を無事に京都に送り返してくれるよう、依頼状が届いていたが、この「後宮」＝大奥を衝かれるほど、西郷にとって痛かったことはあるまい。十三日の会談は簡単に終わり、翌十四日、勝はふたたび薩摩藩邸に出向いて、西郷と本格的な講和談判に入った。この日の会見の模様を、勝の『氷川清話』は次のように記している。「あのときの談判は実に骨《ほね》だったよ。官軍（東征軍）に西郷がいなければ、話はとてもまとまらなかっただろうよ。その時分の形勢といえば、品川から西郷などがくる。板橋からは伊地知《いじち》などがくる。また江戸の市中では、今にも官軍が乗り込むといって大騒ぎ。しかし、おれは、ほかの官軍には頓着せず、ただ西郷一人を眼中においた。（中略）さて、いよいよ談判になると、西郷は、おれのいうことを一一《いちいち》信用してくれ、その間一点の疑念もはさまなかった。」

「いろいろむつかしい議論もありましょうが、私が一身にかけてお引き受けします」

西郷のこの一言で、江戸百万の生霊《せいれい》（人間）も、その生命と財産を保つことができ、また徳川氏もその滅亡を免れたのだ。

冒頭の、仙台藩主・伊達慶邦にあてた口演書覚（口述筆記の覚え書き）では、口では天璋院の徳川救済の願いを聞き入れたふうを装った西郷が、訴えに応じず逃去ったことを、天璋院ははげしく非難している。

明治になってからも、天璋院は実家の薩摩藩島津家からの援助を拒み続けている。彼女は、徳川家の女性としての矜持をもちつづけ、元家臣の西郷とは、訣別したのであった。

篤姫（あつひめ）　一八三六〜一八八三
江戸幕府十三代将軍・徳川家定の正室。島津斉宣の孫。島津忠剛の娘。はじめ島津斉彬《なりあきら》、ついで近衛忠煕《ただひろ》の養女となり、安政三年（一八五六）、十三代将軍家定と結婚。安政五年、家定の病死後は出家した。名は敬子《すみこ》。号は天璋院。

岩倉具視

西郷を捨てた冷徹

下級の公家に生まれた岩倉は、幕末の政局において一度、失脚する。西郷や大久保ら討幕派の人物がいなければ、再び浮上することはできなかったものの、その西郷を切る変わり身の早さと土壇場の度胸で、維新後も生き残った。

一、西郷以下官位剝奪御布告有之《これあり》、御文面未だ承知不致《いたさざる》義に付卒爾《そつじ》（唐突）に言上すべき事には無之候《これなくそうら》へ共《ども》、戊辰正月七日、慶喜の罪を鳴らし断然の号令ありし如く無之《これなく》ては、人心の方向定まる可からず。抑《そもそも》西郷隆盛は徳望威力共に卓絶、天下衆人之景慕する所にして、其大《おおい》に動く所あらんかと想像し、空《か》ら恃《だの》みにも之を恃み反を謀りし者あり。佐賀萩の如き是《これ》なり。而《しか》るに隆盛は些《いささか》も雷同せす且《かつ》動かず。是を以て悉《ことごと》くも、至尊は柱石之臣と深く御依頼被遊《あそばされ》、無二之人と確信して疑はさるの処、豈《あに》図らんや、這回之叛状実に驚愕長大息之至《いたり》に堪へず．嗚呼《ああ》国家の元勲にして実に維新以前より今日に及ぶま此の如く賊臣と為るは抑何の故ぞや、千思百慮すと雖其事由を解すること能《あた》はず。（中略）天下を哺着し衆人を愚弄したること其れ亦甚しと謂はさるべけんや．然りと雖も其心術の正不正は今更問ふの必要なし、惟干戈《かんか》を弄《ろう》し国家の安寧を擾乱する罪の如きは決して不問に措くへからす。若《も》し御布告の文面簡短ならは勅使か復命の時を以て機会と為し、官位植奪の御旨趣を分明に諭告し、天下の人心をして半信半疑の心を懐かしむること勿《なか》るべし。此段御賢考に備ふ。

（「明治十年三月一日三条実美・木戸孝允宛岩倉具視意見書」『岩倉具視関係文書第七』昭和四十四年東大出版会刊）

戊辰《ぼしん》戦争に前後して、岩倉は三条実美とともに公家を代表する立場にたった。家格において五摂家《ごせっけ》につぐ清華《せいか》家出身の三条は、七卿落ちの経歴はあったものの、いわば飾り物に等しく、新政府はもっぱら天皇の「勅命」を宣する岩倉と、勅命を利用して〝有司専制《ゆうしせんせい》〟（藩閥政府の専制）を敷く大久保によって運営されていたといえる。

岩倉のおかしさは、一蓮托生《いちれんたくしょう》であるはずの大久保に政敵・江藤新平（佐賀藩出身）をぶつけてみたり、旧主君筋の島津久光を左大臣に据《す》えて、大久保を牽制しようとしたことである。岩倉にすれば、意に染まぬ廃藩置県や長期の外遊を強要され、西郷の辞職にともなう内乱の危機に翻弄《ほんろう》されたあげく、明治七年には赤坂喰違《くいちがい》で危うく暗殺されかけるなど、心身ともに疲弊しきっていた。あるいは、岩倉は時代がすでに己れを必要としない速さで進み、国事をつかさどる資格者が、〝有司専制〟の官僚だということを知っていたのではなかろうか。とりわけ、明治十年（一八七七）の西南戦争とその翌年の大久保の横死《おうし》のころから、岩倉の行動は華族勢力の育成・強化に向けられていく。

表向きは、天皇制を支える強固な〝藩屏《はんぺい》〟を創出するための名分であったが、そうした岩倉の行動を明治天皇は終始、冷ややかに見つめていた。天皇には明らかに、岩倉に対する不信があったのである。

岩倉が島津久光を左大臣としたため、華族と官僚の間に紛争が発生、事態は太政大臣の三条の罷免《ひめん》か、久光を降ろすかの二者択一を迫られたことがあった。右大臣であった岩倉は、自身が裁断を下すべき立場にありながら、事もあろうに天皇にその裁可を仰いだ。しかもこのおり、病床に伏していた天皇に対して、岩倉は臣下としては言ってはならない言葉まで口にしている。

「ご自身でお決めください」

本来なら、岩倉は私見を述べるべきであった。

天皇としては内容はともかく、裁断すべき立場にある岩倉の言を採用、裁可したであろう。

むろん、その場合はいっさいの責任を岩倉が引き受けねばならない。が、それが天皇を輔弼《ほひつ》する職責であった。にもかかわらず岩倉は、その責務を放棄し、天皇に政治責任を押しつけたのである。右大臣の椅子に未練をもち、出処進退を誤ったために、岩倉は生涯、拭《ぬぐ》いがたい汚点を残したが、どうもこの一件こそは、彼のその人となりや胸奥を垣間《かいま》見せた事件ではなかったか、と思われてならない。明治十六年七月二十日、岩倉は五十九歳でこの世を去った。

しかし、これほどまでの権謀術数を駆使した岩倉が、冒頭の三条実美・木戸孝允宛の書状では、国家に叛逆をおこしたはずの西郷を、擁護する発言をしている。かれは自らが策士であるがゆえ、西郷の忠節を身に沁みて、よく理解していたのではのではあるまいか。

岩倉具視（いわくら・ともみ）　一八二五〜一八八三
幕末の公家、明治時代の政治家。文政八年（一八二五）九月十五日、堀河康親の次男として京都に生まれる。岩倉具慶の養子となり、嘉永七年（一八五四）、孝明天皇の侍従となる。公武合体論を主張し、天皇の妹・和宮《かずのみや》降嫁をすすめ、尊王攘夷派派によって一時、朝廷を追われる。薩長と結んで倒幕計画を進め、慶応三年（一八六七）、王政復古を実現。新政府では議定、副総裁として政権の中枢にすわる。明治四年、特命全権大使となり欧米各国を歴訪。帰国後は太政大臣・三条実美や大久保利通らと協力して中央集権国家の基礎固めに尽力した。

三条実美

人づてに聞くあらしやまかな

幕末の京都で、尊王攘夷・討幕派の首班であった公卿・三条実美は王政復古で京都に返り咲く。西郷や大久保がいなければ、自らの復権はあり得なかったにもかかわらず、西南戦争については「人づてに聞くあらしやまかな」と、他人事である。

明治十年公（三条実美）が鳳輦《ほうれん》に従ふて故都《こと》（京都）へ帰へりし日も、身は太政大臣の大位に在りて剰《あまつ》さえ西南の役ありしかば、花咲く頃の朝なく公の心にかかるは、峰の白雲ならで只《た》だ西南の妖雲のみなり、当時公の歌に曰く、

いとまなき身は花見にも出やらで
　　人づてに聞くあらしやまかな

以て公が当時の情を見るに足るべし。

（『日本』明治二十四年四月五日付）

天保八年（一八三七）二月八日、のちの贈右大臣三条実万《さねつむ》の第四子として京都梨木町の邸で生まる。母は土佐藩主山内豊策の女紀子。

生後洛東の農家楠六左衛門に保育され、帰邸後、家臣で尊攘志士の富田織部の訓育をうけた。また国学者谷森種松（善臣）、漢学者で志士池内大学（陶所）らに学ぶ。

安政元年（一八五四）兄公睦の死で三条家をつぐ。はじめ花園家をつぐはずであったが、織部の推しで本家継承となった。この年十八歳で従五位上に叙され侍従となり、元服して加茂社臨時祭の舞人の役を勤仕した。同三年右近衛権少将、五年対米通商条約勅許問題で朝幕の衝突があり、大老井伊直弼の朝廷内反井伊派の弾圧で、父実万が辞官・落飾すると、実美も政争の渦中にまきこまれ、父の立場をうけて尊攘派公家へと成長していった。

文久二年（一八六二）、左近衛権中将、従三位、議奏加勢、ついで権中納言、議奏となる。この年は朝廷政権がようやく幕権を圧するようになり、公武合体をとる薩摩藩に対抗して長州藩が反幕尊攘へと急転し、京都政局の主導権をにぎると、実美は公家尊攘派の中心的地位に立つようになった。八月、尊攘派公家と連署して、公武合体派公家の頭目岩倉具視ら弾劾の意見書を関白近衛忠熙に提出、さらに幕府に対し攘夷督促の勅使派遣を建白し、九月勅使の役を命ぜられ、同志の姉小路公知が副使となった。

翌三年は将軍徳川家茂が上洛、三月加茂社・石清水社攘夷祈願の行幸で御用掛を勤める。五月幕府の攘夷決行の発令で攘夷熱は最高潮に達したが、薩摩藩ら公武合体派の策謀で、八月十八日尊攘派追放の政変がおこり、実美ら同派公卿七名（三条実美・三条西季知・東久世通禧・壬生基修・四条隆謌《たかうた》・錦小路頼徳・沢宣嘉《のぶよし》）が長州藩とともに追われ、長州へ下る七卿落ちとなった。七卿は三田尻の招賢閣にいり、さらに山口に近い湯田に滞留した。

元治元年（一八六四）長州の京都反撃の挙兵上京が禁門の変で敗北に終ると長州藩は朝敵となり、五卿（錦小路は病死）の立場も変わった。長州藩は五卿移転を決し、翌慶応元年（一八六五）二月、実美らを太宰府に移した。かくて五卿は延寿王院を仮寓として同三年十二月の王政復古を迎えた。

三条は討幕派の公家としてもっとも高い身分にあったことから、明治四年（一八七一）には太政大臣にまでのぼっている。保守派の盟主のような立場であったわけだが、征韓論争で西郷と大久保、岩倉らが激しく対立すると、その板ばさみになって心労がたたり、倒れてしまう。

結局、政治向きの人ではなかったということになろうか。

三条実美（さんじょう・さねとみ）　一八三七～一八九一

幕末―明治時代の公卿、政治家。天保八年（一八三七）二月七日、公卿（議奏、のち従一位内大臣、贈正一位右大臣）・三条実万《さねつむ》の四男として生まれる。尊王攘夷派公卿の中核として活動したが、文久三年、八月十八日の政変で追放される（七卿落ち）。王政復古を機に京都にかえり、新政府では議定、副総裁、右大臣をへて太政大臣をつとめ、明治十八年（一八八五）、内大臣となる。明治二十二年、一時、首相を兼任した。

明治天皇

西郷への恩を忘れるな

既往《きおう》の勲功を捨つるなかれ――維新回天のおりは十七歳の少年であった帝は、西郷を信頼しきっていた。政府に弓をひいたとはいえ、旧恩は忘れるなと釘を刺している。

乱平《たい》ぐの後一日、天皇、「西郷隆盛」と云ふ勅題を皇后に賜ひ、隆盛今次の過罪を論じて既往の勲功を棄つることなかれと仰せらる、皇后乃《すなわ》ち、

薩摩潟しつみし波の浅からぬ
　はしめの違ひ末のあはれさ

と詠じて上りたまふ、皇后又し嘗て侍講元田永孚に語りたまはく、近時、聖上侍臣を親愛したまひ、毎夜召して御談話あり、大臣・将校を接遇したまふこと亦《また》厚し、隆盛以下の

徒をして早く此の状を知らしめば、叛乱或は起らざりしならんと、（後略）

（『明治天皇紀　第四』昭和四十五年吉川弘文館）

二百六十五年の影響力を日本史に与えた徳川幕藩体制も、最終的には下士の反発、クーデターによって戊辰戦争へ突入、明治天皇という権威を創りあげることで、ようやく明治維新を達成し、近代の扉を開くことになった。

しかし、明治天皇が独裁者であったかといえば、決してそうではなかったろう。

明治政府で一番の威勢を誇ったのは、西郷隆盛であり、政権の実務はことごとく大久保利通によって掌握されている。その西郷は西南戦争で敗死し、大久保も翌明治十一年（一八七八）に暗殺されている。

日清戦争のおり、最後まで開戦に反対したのは誰でもない、明治天皇であった。

にもかかわらず、立憲君主制の議会を楯に、開戦に押し切ったのは、ときの外務大臣・陸奥宗光や陸軍上席参謀の川上操六（薩摩出身）といった人々であった。

政府の主宰者であった——大久保の後継者ともいうべき——伊藤博文も、彼ら焦燥の人々を止めることができず、結局、開戦にいたった。

「このたびの戦争は朕の戦争にあらずして、大臣の戦争なり」

明治帝は不快を露わにしたという。

戦を望まない帝が、忠臣であったはずの西郷を追討したにせよ、その勲功を惜しんだのは、いうまでもない。

明治天皇（めいじてんのう）　一八五二〜一九一二

第百二十二代天皇。在位一八六七〜一九一二。孝明天皇の第二皇子。母は中山慶子。父の死により、十六歳で践祚。その十ヵ月後、幕府は大政を奉還。五箇条の誓文を公布し、新政府の基本方針をしめす。明治と改元して一世一元とさだめ、京都から東京へ遷都。欧米の制度や文化をみならい、政治、経済、社会、教育、軍事を改革し、大日本帝国憲法や教育勅語などを発布して、立憲国家・近代国家確立に献身した。在位中、日清・日露両戦争がおこり、韓国併合が行われた。墓所は伏見桃山陵（京都市伏見区）。幼称は祐宮。諱は睦仁。

5

残火

——新政府の西郷どん

大村益次郎

今後の変は西南から西郷がもって来る

上野戦争で西郷から作戦の指揮権を奪い、深謀で一日にして叛乱を鎮めた大村は、維新後、不平士族の暴発が、西郷のもとに起ることを予見していた。

大村は大阪をもって軍務の基地とし、海軍陸軍の士官養成の兵学寮を設ける。陸軍の屯所（兵営）、砲銃火薬製造所、軍医学校、軍病院等をすべて大阪に設置するという実勢内容である。「大阪は海陸四道の要地にして皇国の中央に位す。四方の変に応じ易し。」と大村の意図は其処《そこ》にあった。大村傘下の重要人物曾我祐準《すけのり》は、「大村先生曰《いわ》く今後の変は東北からではなく、西南から来る、仍《よっ》て大阪を軍務の基地とせねばならぬ。」とした。禍乱西南にありと十年の変（西南戦争）に対応した大村の言動は予言者的である。なお大阪は対外的にも作戦の要点であり、その他兵器製造所をも大阪に置くとしたのは、これが帝京にあらば直ちに攻撃目標となって、戦場化するおそれありというにあった。

（日本大学編『山田狐義伝』昭和三十八年　日本大学）

周防国鋳銭司村《すおうのくにすずんじむら》（現・山口市鋳銭司）に、医者の子として生まれた大村益次郎《おおむらますじろう》は、緒方洪庵《おがたこうあん》の適塾《てきじゅく》で塾頭をつとめるなどして洋学を身につけていた。幕府の蕃書調所《ばんしょしらべしょ》、講武所《こうぶしょ》につとめたあと、長州藩で軍制改革にくわわり、軍政家の道を歩んでいる。戦《いくさ》の天才であった。のちに明治となると、大村は近代陸軍をつくることに熱中し、新政府の〝頭脳〟と期待されている。

なにしろ、大村が軍防事務局判事をつとめていた慶応四年（一八六八）五月十五日、東京の上野で行われた、新政府軍と旧幕府方――彰義隊を中心とした――の戦争において、勝海舟の新政府軍包囲策を見破り、新政府軍の指揮権を西郷から奪い、いっきに上野を包囲、旧幕府方を殲滅したのである。

一説によれば、大村が長州藩の小部隊を、会津の援軍といつわってすでに山中へ入れ、それらが官軍のアームストロング砲の攻撃を合図に、山内で彰義隊を斬り始め――これが敵を大混乱に陥れ、勝利の要因になったのだともいう。

大西郷と、勝海舟を向こうに回しての鮮やかな手際は、見事といわねばなるまい。

戊辰戦争の戦略において、西郷は、大村の卓見に感服し、「我誤りて面を合はすに恥づ」ともらしていた。

こうした大村だからこそ、彼はのちの西郷の挙——すなわち、西南戦争を予測できたのであろう。しかしその大村は、西南戦争にかかわることなく、明治二年九月に京都で、同じ長州の不平分子に襲撃され負傷。その傷がもとで、十一月五日、死去する。

襲われた理由は、大村が押しすすめた徹底的な軍制改革、藩兵解隊、帯刀禁止、徴兵制度などを建白したことによるものだった。

大村益次郎（おおむら・ますじろう）　一八二四〜一八六九

幕末長州の兵学者にして、明治陸軍建設の功労者。文政七年（一八二四）三月十日、周防鋳銭司村字大村（現・山口県山口市）の医師・村田孝益の子として生まれる。大坂で緒方洪庵の適々斎塾（適塾）にまなび、伊予宇和島藩に招聘される。幕府の蕃書調所、講武所につとめ、万延元年（一八六〇）から長州藩で軍制改革に参画。維新後、新政府の兵部大輔として近代兵制確立につとめたが、明治二年（一八六九）九月、京都で神代直人《こうじろ》らに襲われ、負傷。同年十一月五日に、四十六歳で死去した。本姓は村田、名は永敏。通称は惣太郎、蔵六《ぞうろく》。号は亮（量）庵。

板垣退助

変わらなかった西郷、変わり続けた板垣

決して武断家ではかなった、と西郷を評する板垣退助は、西郷との邂逅を、冗談をいって呵々大笑するおおらかさのある人物と評価する。変節していく板垣に対し、大義を信じて邁進した西郷は、同じ維新の英傑でありながら対照的であった。

その言《げん》必ず肯綮《こうけい》に当る

維新の革命既に成り、新政府組織せらるゝに及んで、予の始めて正院に至るや、三条（実美）公以下閣員、皆な列坐せる前に於て、西郷予を見て大声語って曰《いわ》く『板垣さんといふ人は怖ろしい人よ、薩摩の屋敷へ浪士を舁《かつ》ぎ込み、戦さをおっ始めさして、恐ろしい人』と。予之れに応じて『是は近頃迷惑千万の事なり、浪士を取締って居た人も随分危激

な人であったらしい、しかし好《よ》い幕開きでしたね』と答ふれば、西郷は巨口を開き、頭を抱きつゝ、ワハハハと哄笑しぬ。蓋《けだ》し甚だ得意なる時は西郷は頭を抱いて哄笑するを常としたりき。

（板垣退助監修『自由党史　上巻』昭和三十二年岩波文庫）

天保八年（一八三七）四月十七日生まれの板垣は、幼名を乾猪之助といった。土佐藩山内家の上士の出で、家は馬廻り役三百石取り。彼は嫡男であった。祖先は戦国の名将・武田信玄の重臣・板垣信方《のぶかた》と伝えられていたらしい。

子供の頃の板垣は、ワンパクで勉強嫌い。その分、体を動かすことは好きで、大坪流の馬術、竹内流の小具足《こぐそく》組打ち（柔術）を学んでいる。「狼藉」「不作法」といった名目で、二十歳までに二度、謹慎処分を受けたほど、素行には問題があったとも。

幕末の土佐にあって、藩政改革を推しすすめた吉田東洋は、弟子ではなかった板垣に、目をかけたと伝えられる。二十四歳で江戸御留守居御内用役となるが、東洋が武市半平太《たけちはんぺいた》を首領とする土佐勤王党に暗殺されると、板垣はこれを目の仇として、土佐勤王党を徹底して弾圧した。

板垣の面白さは、自らが武市たちを追いつめておきながら、一方で自身は尊王攘夷を唱え、慶応三年（一八六七）五月には、公武合体派の主君・山内容堂《ようどう》に面会して、決死の覚悟で討幕を進言。このおりには、拒否されている。

明らかにいえることは、板垣の政治家としての才覚に比べ、武人としての覚悟、なかでも戊辰戦争での野戦指揮官としての能力は、ずば抜けていたことに間違いはない。慶応四年（一八六八）正月八日、土佐にあった板垣は、迅衝隊《じんしょうたい》の大隊司令に任ぜられ、二月には官軍の東山道先鋒総督府参謀となり、三月五日には、もと新撰組の局長・近藤勇の甲陽鎮撫隊より早く、甲府城への入城を果たしている。板垣姓に改めたのは、このときのこと（三十二歳）。

四月十一日、江戸は無血開城したが、奥州列藩同盟は官軍を認めず、板垣は日光から奥州へ突入。最大の難敵＝会津藩を降伏させ、十月には「東京」となった江戸へ凱旋している。

もし、このまま板垣が軍人としての道を歩んだとすれば、彼の生涯は大きく変わったに違いない。だが、板垣は新政府の参与となり、明治四年（一八七一）には参議となっていた。しかし、参議となって江戸城で政務を執ることになった板垣は、昼近くになると、西郷隆盛を誘い、二人で、さっさと休憩所に引きあげ、弁当を食べながら、戊辰戦争の思い出話にふけるのが、常であったという。同僚であった佐賀藩出身の大隈重信は、

「板垣と西郷は、ともに武勇には優れていたが、政治の実務についてはあまり得意ではなく、行政上の事務処理にいたっては、ただ面倒なだけのように見受けられた」

という意味のことを、のちに述懐している。

いわば、飾りの参議にすぎなかった板垣が動き出すのは、明治六年十月の征韓論争をめぐる

政変によってであった。西郷が下野。これに板垣も同調し、政府を去る。

明治七年、板垣は愛国公党を結成し、天賦人権、男女同権などをうたい、民撰議院設立の建白書を提出する。が、政府は下野した彼らの行動を、政権奪取のものと思い込み、建白書は受け入れられない。明治七年に佐賀の乱で江藤が処刑されると、板垣は愛国公党についての発言をしなくなってしまう。翌明治八年には、木戸に誘われて、あっさりと参議復帰を受諾してしまう。七ヵ月後に再び参議を辞退した板垣は、神風連の乱、秋月の乱、萩の乱、そして西南戦争を傍観しつづける。

西郷隆盛を西南戦争で失った民衆にとって、もはや頼れる在野の勢力は板垣しかなかった。

明治十三年に国会期成同盟が結成され、政府との対決色を色濃くしはじめた自由民権運動は、板垣退助をその象徴と仰ぎ、彼を担いで全国遊説旅行を開始する。風は幸運にも、板垣に幸いして吹いていた。政府は、来たる明治二十三年に国会開設を約束する勅諭を、ついに出した。板垣は自由党総理に就任する。思えば、この頃が彼にとって、自由民権運動にとっても、絶頂期であったといえそうだ。こうしたときに、期せずして、板垣は岐阜で刺客に襲撃される。

「板垣死すとも自由は死せず」

この瞬間、この人物は日本史の英傑になったといってよい。四十六歳。

このまま、全国への演説会をつづけ、国会開設に板垣が備えれば、間違いなく、彼は名実ともに自由民権運動、国会開設の父となりえたであろう。

ところが、この重大な局面で彼は、後藤の誘いを受けてヨーロッパに外遊してしまったのである。のち、自由民権運動が大弾圧を受ける中、板垣は明治二十年に伯爵となる。その後、板垣は再び、愛国公党を結成。

大日本帝国憲法が制定され、第一回衆議院選挙が明治二十三年に行なわれると、富国強兵策を推進しようとする藩閥政府に対して、民力休養を掲げた民党は、議席の過半数を占め、板垣は自由党の総裁として、第二次伊藤内閣にあっては内務大臣となる。しかし、このあと、板垣は政界引退を宣言し、社会活動へと転じる（六十一歳）。板垣がこの世を去ったのは、大正八年（一九一九）のことであった。

板垣退助（いたがき・たいすけ）　一八三七～一九一九
幕末・明治時代の政治家。天保八年四月十七日、土佐高知藩士として生まれる。戊辰戦争で総督府参謀をつとめ、明治四年新政府の参議となる。明治六年、征韓論をめぐって大久保利通らと対立し西郷隆盛らとともに辞職。翌年民選議院設立建白書を提出。帰郷して立志社をおこし自由民権運動を指導した。十四年、自由党を結成して総理。二十四年、再結成された自由党の総理。二十九年、第二次伊藤内閣の内相。三十一年、大隈重信と隈板《わいはん》内閣をつくり内相。伯爵。三十三年、政界を引退し社会改良運動につくした。大正八年七月十六日死去。八十三歳。

初姓は乾《いぬい》。

金子堅太郎

上野の銅像そっくりだった

のちに、大日本帝国憲法起草にかかわる金子は、アメリカ留学を前にして、巨星・西郷に出会う。奢侈を否定していた西郷の粗末ないでたちは、若き金子の眼に焼きついた。

私の知っている時は西郷隆盛は神田橋にいた。西郷の内に書生をしている友達を尋ねて行くと「君は西郷を見た事があるか」というので「ない」と答えると友達は「あれから来るのが西郷さんじゃ」と指さしたのを窓からのぞくと一人の男が若党を連れて門からブラブラやって来た。木綿の黒い羽織を着て刀を差し小倉のような木綿袴をはいて、しかも冷《ひや》めし草履《ぞうり》を引ッかけておる。顔かたちは上野の銅像そっくりの印象が残っておる。

（『戊辰物語』）

出典の『戊辰物語』は、戊辰戦争から六十年をへた、昭和三年（一九二八）正月までの読み物として、前年の暮れから「東京日日新聞」に連載されたものである。金子の語る内容をみるに、取材の時期は当然のことながら、上野の西郷像が出来た、明治三十一年（一八九八）以降であることは間違いない。

彼は西郷との出会いを、ただ映像的に描写しているにすぎない。しかし、その内容からは、西郷に感じた得も言われぬ印象を、如実に語っていた。

何しろ五十年以上昔のことを、そのいでたちから動作も含め、鮮明に記憶しているのである。明治の世となり、政府首脳は近代化へとひた走ろう、ひた走らなければならない、との使命感を抱いている中で、西郷の風体は、ひとつ間違えれば浪人である。

木綿の黒い羽織は、武士としてふつうの召物だったが、小倉織《こくらおり》は丈夫が取り柄の、武士も着れば庶民も身につけるものであった。さらに、冷めし草履――わらの緒のついた、きわめて粗末な、再下等のわら草履である。

ひとつ間違えれば浪人とも取れなくはない格好が、金子に、明治の世とのギャップを抱かせたものであろう。やはり西郷は、けた外れの人間であった。

金子と西郷の邂逅は、いつのことであったろうか。

明治元年の十一月、維新の達成も早々に鹿児島へ引っ込んでいた西郷は、明治四年、請われて正月に出仕した。いったん国許へ戻るが、三月に再び、東京へ上っている。この年の十一月、金子は岩倉使節団と共に渡米。ハーバード大学を明治十一年六月に卒業後、帰国した。その時、すでに西郷も大久保も、この世の人ではない。
西郷に会えたのは明治四年の、その回数も限られたものであったことは違いない。のちに大日本帝国憲法を起草する法務官僚が、明治維新を実現させながら、前近代的な日本を引きずっている西郷に、不可思議なものを感じていたとしても、おかしくはなかった。

金子堅太郎（かねこ・けんたろう）　一八五三〜一九四二
明治から昭和前期にかけての官僚、政治家。筑前福岡藩出身。藩校修猷館で学んだのち、明治三年（一八七〇）年、藩命により江戸へ遊学して英語を学ぶ。明治四年、旧藩主・黒田長知の留学に団琢磨らと随行して、岩倉遣外使節団と共に出発。ハーバード大学で法律を学んだ。明治十一年に卒業、帰国後の同十八年、首相秘書官となり、翌年から伊藤博文のもとで井上毅《こわし》・伊東巳代治とともに憲法起草に参画。第三次伊藤内閣の農商務相、第四次伊藤内閣の法相をつとめた。貴族院議員。渓水と号した。

高橋新吉

留学生への細やかな気遣い

西郷の斡旋、藩の財政支援で米国留学することができた高橋は、『和訳英辞書』（薩摩辞書とも）を成立させ、のち財務官僚を経て、財界で活躍する。西郷への謝恩の念は絶えることがない。

私は明治三年に南洲翁の御世話を受けて、米国へ留学をしたのである、是《これ》より先《さ》き慶応の初年、藩の選抜生として、長崎に遊学をした、其際《そのさい》、前田謙吉と協力して『和訳英字彙』を著し、非常な苦心をした、字書を著すよりも、之を出版する費用に苦んだ、当時日本には未だ活字といふものはなかった、上海でキリスト教会附属の活版所があったので、知合の宣教師（フルベッキ）から世話をして貰って、漸く本に拵《しつら》へる事が出来た、私が長崎から上海へ密航する時などは実にミヂメなもので、幕府の禁令を犯して行くのだから、荷物の中に隠れて行った、今から考へると矢張り命がけの仕事であった、愈々《いよいよ》向ふに行って見ると、亦一の困難があった、即ち漢字の活字は悉《ことごとく》皆揃って居るが、片仮名は一ツもなかった、あらう筈がないのであるから、之を新に鋳造させるやら、非常に手数が懸ったものであるが、兎角する内に王政復古の大業も成ったので、出来上った本は、行く時とは反対で大手を振って持て帰る事が出来た、之を売捌《うりさば》く時に、非常に南洲翁の御世話になって、私等は其所得を以て米国に留学をする事が出来たのである。

（「南洲翁の苦衷」『日本及日本人　南洲号』明治四十三年九月）

高橋は長崎で英語をまなび、明治二年（一八六九）、オランダ出身の宣教師・フルベッキの援助で日本最初の活版による英和辞典『和訳英辞林』を刊行。いわゆる、『薩摩辞書』である（そのことを顕彰する記念碑が、鶴丸城址に建っている）。

この業績が契機となって、翌明治三年、アメリカに留学している。帰国後の明治六年には、留学の成果を踏まえて『和訳英辞林』を校訂し、東京で再版していた。

のちに高橋は、大蔵省勤務などをへて、明治三十二年、日本勧業銀行総裁となった。

彼の、若き日の留学は西郷の支援によってかなったものであり、生涯、その恩恵に対して、感謝を忘れなかった。

彼は西郷について、こう述べている。

「南洲先生は直接自分の真心を人の肺腑《はいふ》に置いて、情と理が一緒にせまって来てその崇高《すうこう》な人格の力が強く人を魅了《みりょう》するようで、もうこの日とのためなら生命も惜しくないという気持《きもち》が盛《さかん》に湧き出してくる」

高橋もまた、西郷の〝器〟に魅せられた一人であった。

彼の、西郷に対する恩返しは、どのようなものであったろうか。一つは、先にあげた英訳辞書の完成があげられる。もう一つは、明治二十一年に、九州鉄道初代社長に就任したことであったろう。後に鹿児島本線の一部となった博多駅—千歳川仮停車場間が、翌明治二十二年に開通している。鹿児島駅までの全線開通は、明治四十一年まで待たねばならなかったが、西南戦争により荒廃して以降、地盤沈下していた鹿児島の発展に、大いに寄与したことは間違いない。

高橋新吉（たかはし・しんきち）　一八四三～一九一八
明治・大正時代の官僚銀行家。天保十四年十月生まれ。長崎で英語をまなび明治二年フルベッキの援助で日本最初の活版による英和辞典『和訳英辞林』を刊行。明治三年、アメリカに留学帰国後大蔵省勤務などをへて、三十二年、日本勧業銀行総裁となった。九州鉄道社長。貴族院議員。大正七年十一月三十日死去。七十六歳。

山縣有朋

西郷から遠く離れて

即断実行。千万人の大軍を統率して、平然たる人物の西郷を、この人が有ったために薩長同盟をはじめ、維新前後の仕事がどんなにはかどりやすかったか――誠に一種の大人物であった、と山縣は評す。

明治四年の七月二日と思うが、蠣殻町の薩摩藩邸に居った大西郷を訪ねた。さて、西郷に合って先《ま》づ廃藩実施の必要なる所以《ゆえん》を述べ、最後に其の意見を叩いた処が、西郷は『木戸さんは如何ですか』と反問した、木戸には井上が行って相談する筈である事を談ると、西郷は『木戸さんが賛成ならば宜《よろ》しう御坐《ござ》んしよう』と云うた、返答が余り簡単で容易である故、自分は更に此の事を遂行する為《た》めには、或は流血を見るの已《や》むを得ざるやも知れずと附言したるに、西郷は『左様で御座りますな』と云ったのみであった、それで自分は他に云う可き事も無いから帰ったが、西郷は直ちに之を大久保公に相談し、薩州系の筋々へも速かに手配をし、万事順調に運んで此の大事が支障なく実行されたのである。大西郷という人は凡《すべ》てこんな調子の人であった、実に此の人が有った為め、薩長連合を初め、維新前後の仕事がどんなに遣り善かったか分らぬ。誠に一種の大人物であった。

（入江貫一著『山県公のおもかげ附追憶百話』大正十一年　偕行社編集部）

冒頭の一文で、西郷を称揚した山縣という人物は、その実、長州閥の象徴のような、権力欲の権化だった。どの面を下げて西郷の事物を評することができたのか。表面的な美辞麗句に騙されてはならない。

山縣は生涯、ひらめきも独創性ももちあわせず、政治家としても軍人としても二流以下の人物であった。ただ、他人を模倣し、それを己れの分限にあてはめる応用力には目をみはるものがあった。加えて、政治という恐るべき権力の使いかたや、維持する術にはたけていた。

山縣は、長州という革命陣営に属し、そのお先棒をかついたくせに、己れは石橋をたたいても渡らないほどの用心深さをもち、言葉をかえれば髪の毛一本まで保守色でできあがっていた。

その性格が、つねにナンバー2としての生きかたに幸いした。

最初に〝頭〟として頂いた天才児・高杉晋作にも、その卓越した戦略眼にひきずられること

なく、むしろ高杉の長所・欠点を客観的にみつめ、己れにもできうる軍政上のこと、戦術における補助に徹した保身術がよかったようだ。ついで慶応三年（一八六七）、維新の前夜に高杉が死去するにいたると、山縣はチャッカリ、次の新しい〝頭〟をみつけていた。日本国防軍の創始者ともいうべき、おなじく長州の大村益次郎であった。

この日本がもちえた屈指の天才戦術家は、維新後、兵部大輔となったが、山縣はその風下に立ちながら、大村の構想である国民国家、徴兵制による国軍建設の実務に精を出した。

ところが、仕事がようやく緒についた明治二年（一八六九）、ふいに大村が暗殺されてしまう。

明治初年の軍制は、大村が暗殺されるまで、軍政面は彼が独裁権を握り、軍令（統帥《とうすい》）という一方の柱は、ただ一人の陸軍大将・西郷隆盛が握っていた。つまり、二本立てになっていたわけだ。その一方のトップに、山縣は二段跳び、三段跳びの格好で就いてしまった。

山縣を呆然とさせた理由は、ほかにもあった。

目前にそびえる西郷が、「征韓論」を唱えはじめたのである。この政論は、いまだに全貌が解明されているわけではない。ただ、当時の人々の意見を最大公約数的にまとめれば、

「ロシアの南下政策を防ぐため、朝鮮の王朝を説き、入れられなければ討つ」

ということになる。西郷は己れの経験から判断して、戦争になる前に話し合い――朝鮮も日

本とおなじように開国し、近代国家としての体裁を整える――が合意に達すると信じていた。西郷ならそれをやりとげたのではないか、と思えるが、同時代の「明治国家」の首脳部は、それほど楽天的にはなれなかった。大久保にしろ木戸孝允、岩倉具視、伊藤博文など欧米列強を巡った人々は、いやというほど〝世界〟の大きさ広さ、列強の強さ恐ろしさを見聞してきている。

彼らにすれば、誕生まもない日本を、万が一にも危機に陥れるわけにはいかなかった。

大隈重信に万一の場合の勝算を聞かれた山縣は、溜息まじりに、「いましばらくはいけません」と答えた。面と向かって、征韓論に反対を唱えたりはしない。「困難である」とのみ繰り返し、己れの立場をあいまいにして政局の埒外に逃げた。

加えて、西郷隆盛の下野にともない、薩摩系近衛の将士が潮の退《ひ》くように官を辞したことによって、山縣は無数に空いた席を長州系で独占、「長の陸軍」とのちに呼ばれる勢力を、一挙に構築した。

しかし、軍を握りながら、山縣の貪欲さはさらに〝参議〟の位を欲しがったところに如実であった。政府が軍人の主人であり、軍人に政府の最高意思決定権を与える形態は亡国の危険をはらむ、とする新政府のトップの意向により、軍人の山縣は参議になれない不文律があったからだが、山縣の権勢欲は参議のポストを欲した。

おそらく創業まもない明治政府にあって、これほど露骨に猟官運動をやったのは山縣有朋が最初であったろう。そして策謀の末、山縣は参謀の地位を手に入れる。

「日本総陸軍の統帥に関与する権限は、参謀局長の専任に属する」

山縣の主張は、制度化された。結果、陸軍卿に復職した彼は、木戸が大久保と対立して参議を辞任した隙に乗じて、悲願の参議兼任となり、閣議に出席する権限を獲得する。われわれはここに、軍服を着た政治家の悪しき前例を昭和からはるかにさかのぼって、ひとりの軽率な男のなかにみることとなった。

彼が西郷の政務実行力を貰することが出来たとしても、決して、その人物や思想を評することはできまい。

山縣有朋（やまがた・ありとも）　一八三八〜一九二二

明治・大正時代の軍政家・政治家。長州藩の足軽として生まれる。高杉晋作のしたで奇兵隊に属し、高杉の死後、奇兵隊軍監となる。維新後、徴兵制、軍制を確立し、明治六年。陸軍卿、十一年、初代参謀本部長となる。十八年、初代内務大臣となり、地方制度を整備。二十二年、、三十一年の二度、首相となった。以後も元帥、元老として陸軍、政界に山縣閥をきずき、内政、外交に絶大な発言力を発揮した。

大隈重信

破壊の勇者で建設は不得手

その政治上の能力は果して充分だったろうか、と冷淡な西郷評を一貫させていた大隈は、後年、同情的なコメントも寄せていた。西郷は情に流されて、信奉者のために誤ったのだと。

（西郷は）破壊の勇者で建設は不得手であった。政治は建設的で破壊は力である。だから長き強き封建を破るという破壊的維新には、西郷の力与って大いに力があったが、復古で目的を達した後は浪人してあまり政治には関係しなかった。そのまま猟でもして余生を養ってときどき陛下の御諮問にでもお答えする位にしていたら間違いは無かったんであるが非常に情に脆い涙弱い人であって、乾兒《こぶん》が沢山あったからついに乾兒に誤られたんである。勇者は強者には強いが柔に出逢うと溶けるんで、流石の西郷も乾兒どもには弱かったんである。この情に脆い結果が西郷の徳をして盛んならしたと同時に、一方生涯の過ちを惹起したと察せられるんである。

（『大隈侯昔日譚』一九二二年）

一般に、明治維新にかかわった佐賀藩士は、江藤新平、副島種臣、そしてこの大隈重信のように、非常に頭の冴えるエリート、実務遂行の力の高い人物が輩出されている。

それゆえに、維新にかかわった人物への評価も、冷静なところがあった。

概して大隈の、西郷に対する評価は厳しい。

「政治上の能力は果たして充分なりしや否やという点については、頗《すこぶ》るこれを疑うのである」

（『大隈伯昔日譚』）

と語り、そのために壮士たちの抗議をうけ、脅迫状も届いたという。それでも大隈は、自らの発言を訂正しなかった。のちの座談においても、西郷の影響力は認めながら、相変わらず批判的であった。

大隈は佐賀藩士・大隈信保の長男として生まれていた。

七歳で藩校弘道館に入学したが放校処分となり、長崎に出て英学を学び、英学塾を開いた。以降、尊王派志士として活躍している。

維新後は、外国事務局判事などを経て、明治二年（一八六九）に大蔵大輔となり、鉄道・電信の建設、工部省の開設などに尽力。翌年には参議に昇進。明治六年、大蔵卿に就任してから、同十四年十月の政変で辞任するまで、地租改正、秩禄処分や殖産興業政策をすすめ、大隈財政を展開して資本主義の基礎を築いた。

明治十四年三月、「国会開設奏議」を提出して政党内閣制と国会の即時開設を主張し、さらに開拓使官有物払下げに反対して薩長閥と衝突。十月には、政府を追われている（明治十四年の政変）。

その後は二度、首相をつとめ。東京専門学校（早稲田大学の前身）を創立し、「学の独立」をかかげて青年教育に当たった。

明治二十一年には、黒田清隆内閣で外相として、条約改正にあたるが、翌年十月には、玄洋社の社員に爆弾を投げつけられて右脚を失い、辞職していた。

大隈が冒頭の口述を行ったのは、この年のことであった。老境、心境の変化であったろうか。西郷は情に流されて、心棒者のために誤ったのだ、と半ば同情ともとれるコメントを寄せていていた。

大隈重信（おおくま・しげのぶ）　一八三八～一九二二

明治―大正時代の政治家。肥前佐賀藩士の家に生まれ、長崎でフルベッキに英学をまなぶ。維新後、明治政府の徴士参与職、外国官副知事、大蔵卿、参議などを歴任。秩禄処分、地租改正などを推進した。明治十四年の政変で官職を辞し、翌年立憲改進党を結成し、総裁。同年東京専門学校（現早大）を創立。二十一年に、第一次伊藤内閣、ついで黒田内閣の外相となり、条約改正にあたるが、反対派の来島恒喜に爆弾をなげつけられ、右足をうしなう。三十一年、板垣退助と憲政党を結成して、日本初の政党内閣・隈板内閣を組織。大正三年、第二次内閣を組織して、第一次大戦に参戦。同四年には、対華二十一ヵ条要求を提出した。

伊藤博文

西郷は、政治ができなかった

政治上の識見が乏しいことを自分でも理解していた西郷は、政府に深くかかわることを嫌っていた——と伊藤は解説する。とすれば、西郷が留守政府のトップに立ったことこそ、不幸といわねばなるまい。

西郷南洲は天稟の大度にして人に卓出して居って、さうして国を憂ふる心も深かった。徳望も中々あったが、政治上の識見如何と云ふとチト乏しい様だ。ソコで自分にも深く政府に立つことを嫌って居った。盲判《めくらばん》を捺すことは嫌で堪らないから、自分の部下を引連れて北海道に行たいと云ふことを企てたことがあったが、夫れが変じて私学校と為り謀反と為った。兎に角大人物ではあったが寧ろ創業的の豪傑で守成的の人とは云へない。長州の高杉東行《とうぎょう》の如きもさうだらうと思ふ。

（中央新聞社編『伊藤侯井上伯山県侯元勲談』明治三十三年　博文館）

明治元年（一八六八）に外国事務掛となってからの、伊藤の出世は考えられないほど早かった。

彼は得意の「周旋家」としての才能を発揮、薩摩閥の代表・大久保利通と長州閥の代表・桂の間を取り持つ役割を担った。さらに、岩倉具視を正使とした使節団の欧米歴訪の旅で、大久保ととりわけ親しくなり、幕末の混乱期を経て、疲労困憊していた桂から、エネルギーにあふれる大久保にのりかえ、今度はその忠実な部下となった。

伊藤の予測は当たり、明治政府を率いた大久保の引きで、明治六年には参議兼工部卿となっている。このとき、伊藤は三十四歳。征韓論で野に下った一方の実力者・板垣退助と、政府の大久保との間を周旋、大阪会議を開いたのが明治八年のこと。

伊藤は大久保の暗殺により、その後継者争い＝大隈重信との確執に勝利し、それまで大久保が座っていた内務卿のイスに横すべりし、四十四歳のおりには伯爵となっている。その翌年、彼はついに人臣、位を極めた。十二月二十二日、新しく確立された内閣制度により、初代の内閣総理大臣兼宮内大臣となったのである。

これは大日本帝国憲法の起草に、主導的な役割を果たした功績が大きく、このおりも井上毅、伊東巳代治《みよじ》、金子堅太郎ら専門家をうまく働かせ、「周旋家」としての才覚を遺憾なく発揮している。

日清戦争、日露戦争と、伊藤にとっては心休まらない難問が、次々と現われてくるが、彼は持ち前の楽天主義から、際どいながらも一つ一つを巧みに解決していく。この伊藤の力の源泉は、何であったのか。

もとより、権勢欲、名誉欲であったことに間違いない。そのスタートはおそらく、成り上がりの志向であったろう。

伊藤博文（いとう・ひろぶみ）　一八四一〜一九〇九

幕末・明治時代の政治家。天保十二年九月二日生まれ。周防（現・山口県南東部）の農民の子で松下村塾にまなぶ。イギリス公使館焼き打ち事件に参加するなど、尊攘運動にしたがうが文久三年に渡英。帰国後は開国をとなえ討幕運動に活躍。明治四年、岩倉遣欧使節団の全権副使となる。大久保利通の没後内務卿となり十四年の政変で政府の実権をにぎる。内閣制度を創設して十八年、初代の首相（組閣四回）となり、枢密院の設置、大日本帝国憲法の制定など天皇制近代国家の枠組みをつくった。条約改正を実現し日清戦争を遂行。三十三年、政友会を創立して総裁。三十八年、日露戦争後、朝鮮統監府の初代統監となり朝鮮併合をすすめた。明四十二年十月二十六日、ハルビン駅で安重根に暗殺された。公爵。六十九歳。本姓は林。前名は俊輔。号は春畝《しゅんぽ》など。

渋沢栄一

大西郷は莞爾として笑われた

何とは無しに人を魅する大きな力があった、と西郷のことを回想する、この明治実業界の重鎮は、西郷の資質を寛仁大度《かんじんたいど》だという。

大西郷は一言も言われずに私の意見を聴いて居られたが、言葉が切れると重々しい語調で、『さりか（そうか）』と頷《うなづ》かれ、『成程、聴いて見ると君の意見も尤《もっと》ものように思うが、併《しか》し俺《わし》は今日は君に物を頼みに来たので、議論を聴きに来たのではない。兎《と》も角《かく》よく考へて出来るならばなるべく都合よくして呉れるように頼む。』と莞爾《かんじ》として笑はれ、別に私の無礼も咎《とが》めずに帰られたが、其の寛仁大度《かんじんだいど》は実に敬服の至りであって、大抵の人ならば末輩《まっぱい》の私如きから斯《か》くの如き無遠慮の理窟を並べられたら大いに立腹されぬ迄も不満の色を表はすであろうに、大西郷は少しもそういう気振りも見せず、笑って帰られたのである。而《しこう》して相対して居る間にも、何とは無しに人を魅する大きな力があった。翌年征韓論が破裂した結果、大西郷は官を辞して、国許へ引揚げられたので、其後、会談する機会を失ったが、今でも瞑目《めいもく》すると大西郷の風姿、言動等がありありと私の眼底に残ってゐる。

（渋沢栄一著『青淵回顧録　上巻』一九二七年　青淵回顧録刊行会刊）

明治時代、今日に残る日本企業の五割近くに、創業の労をとった実業家のリーダーがいた。渋沢栄一である。

文久三年（一八六三）、血気にはやる勤王志士であった渋沢は、同志らと謀り、

「高崎城を攻略し、横浜を焼き討ちにする」

との、破天荒《はてんこう》な計画をたてた。この密謀は、周囲の説得で思い止《とど》まったものの、彼は一時期、幕府の政治犯として流浪《るろう》の日々を送ることになる。

渋沢の記憶によれば、彼がはじめて西郷に出会ったのは、この浪々の身のおりであったらしい。志士のあいだには、古代中国で志をたてた名士のごとく、高名な人物をたずねて高見を聞き、時事を論ずることがブームとなっていた。渋沢とても、例外ではない。

「大西郷は一介の書生に過ぎない私を快く引見され、或《あ》いは攘夷を語り、或いは藩制改革を論

じ、更に幕制整理を談じたりして得る処が頗《すこぶ》る多かった。其際《そのさい》大西郷は『貴公はなかく面白い男ぢゃ、食ひ詰めて止むなく放浪して居るのでなく、恒産《こうさん》があって而《しか》も志を立てたのは感心な心掛けである。今後も時々遊びに来るが可い』と言われた。此のような訳で其後も数度訪問した事があるが、大西郷は実に洒々落々たる態度で、何時でも懇切に談話をされ、時には『今晩豚の肉を貢るから一つ晩飯を食うて行かぬか』などと勧められ、同じ豚鍋に箸を入れて食事を共にした事もあった」（前掲書）

西郷は、ほかの志士たちにも、「なかなか面白い男ぢゃ」といっていたかもしれないが、いずれにしろ、こうした態度に感動した渋沢は、「頗る同情心の深い親切な御仁であって、器ならざると同時に又将に将たる君子の趣があった」（渋沢栄一著『実験論語処世談』「大西郷は賢愚を超越せり」より）と、のちに語っていた。

やがて渋沢は、徳川御三卿の一・一橋慶喜《よしのぶ》の家臣となる。のちの十五代将軍・徳川慶喜であった。それでも西郷の、渋沢に対する態度は変わらない。彼は、渋沢に対して次のようなアドバイスまでしていたようだ。

「幕府の制度も今日の如き老中制度では到底政治を円滑に行って行く事は出来ぬ。是非とも諸藩の人材を集めて国政の改革を断行するようにしなければならぬ。それに就いては、一橋公は徳川一族中に於いては最も傑れた人材であるから、是非其の仲間に入って雄藩会盟の中心となるようでなければならぬと思う。併し惜しい事には、慶喜公は確かに人材ではあるが決断力を欠いて居らるるようであるから、慶喜公に決断力を御つけ申すようにするが可《よ》い。併し貴公一人の力では奈何《どう》する訳にも行くまいから、よく上役の者にも話込んで、漸次に慶喜公の決断力を強めるようにするが可からう」（『青淵回顧録　上巻』）

このとき西郷はまだ、慶喜による幕政改革の可能性を、捨ててはいなかった。

財政に明るかった渋沢は、勘定組頭《くみがしら》に抜擢《ばってき》され、慶応三年（一八六七）、将軍となった慶喜の弟・民部大輔《みんぶたいふ》徳川昭武《あきたけ》のパリ万国博覧会出席に従って、渡欧することとなる。

彼はヨーロッパで、近代化の根本、経済制度を日本へ持ち帰り、新しい産業をおこさねばならない、との己れの目標を思い定めていた。

が、翌年の十一月に帰国した渋沢を待っていたのは、戊辰戦争における旧幕府軍の敗退と、〝前将軍〟となった徳川慶喜の恭順《きょうじゅん》。幕臣の静岡藩への移封であった。

明治二年（一八六九）十一月、渋沢は大蔵省に出仕することになった。これは、大隈重信《おおくましげのぶ》の要請であったと伝えられているが、西郷が新政府にいたことは、渋沢にとって心強いものであったろう。

ところが、渋沢は大蔵大輔・井上馨《かおる》とともに、各省からの予算要求を押え、国家の健全財政を主張したが容《い》れられず、明治六年五月、三十三歳の若さで政府を去ることとなった。

冒頭の一文は、政府の財政基盤確立のために奮闘する渋沢に対して、西郷のみせた態度であった。西郷は農政のことはわかるが、財政はわからない。具体的なことは任せるが、国政優先で地方を軽視することは止めてほしい、と西郷は言いたかったようだ。

西郷も同年の十月に、征韓論での対立を経て、下野して東京を去っていく。

下野した渋沢は、その後、多くの企業の創立、経営に関与していく。二人の道は大きく分かれたが、渋沢の信条は、西郷とさほど遠くはなかったろう。企業活動に利益のみを追求することを戒めている。これが、のちによく知られることとなる「論語とソロバンの両立」であった。

渋沢栄一（しぶさわ・えいいち）　一八四〇～一九三一

幕末の武士、明治から大正時代にかけての実業家。武蔵国榛沢《はんざわ》郡血洗島村（現・埼玉県深谷市）の名主の長男として生まれる。江戸に出て尊王攘夷運動に参加したのち、浪々の清潔をへて一橋慶喜（のち幕府不十五代将軍・徳川慶喜）につかえる。慶喜が将軍となるにあわせて幕臣となり、慶喜の弟・徳川昭武に随行してパリ万博に赴き、西洋の科学産業や財政制度を吸収。帰国後、徳川家と共に静岡に移住した。明治二年（一八六九）に大蔵省へはいり、財政・金融制度などを立案。井上馨と共に近代財政制度確立に努めたが、各省の抵抗にあい、同六年、大蔵少輔事務取扱をもって辞職、下野。同年六月、第一国立銀行創立に当たって総監役となり、明治八年から長く、頭取をつとめた。第一国立銀行のほか、王子製紙、大阪紡績などの設立に関与。引退後は社会事業につくした。著書に『徳川慶喜公伝』など。

ウィリアム・ウィリス

戦場で生まれた西郷との友情

戊辰戦争のおり、アイルランド生まれのイギリス人医師は、敵味方にかかわらず傷病兵の診察をおこなった。これに感謝した西郷は彼を鹿児島に招く。ここに二人の友情が結ばれた。

このサツマ陶器は、西郷氏から贈られたものである。西郷氏が藩主から頂戴したもので、数百年前に焼かれたものである。私は、御土産として大西郷に金時計を贈った。

（ウィリス所蔵の薩摩焼の由来書を意訳）

ウィリアム・ウィリスは、一八三七年、北アイルランドに生まれた。七人兄弟・姉妹の四男として、三人の姉妹の中で育ったが、父は暴力的で、家庭は貧しかった。一八四〇年代後半の

アイルランドは大飢饉にみまわれ、納屋のような家で貧しい生活を強いられたウィリス家の生活はどん底であった。

彼の兄弟では、長兄、次男、ウィリスの三人が医師になっており、ウィリスは医師になった長男の援助で大学に行き、次男は軍医になっている。ウィリスは、グラスゴー大学、エディンバラ大学で学び、大学卒業後二年間ほどロンドンのミドルセックス病院で働くが、一時的な間違いにより看護婦との間に子どもができた。

その後、ウイリスは海外への赴任を、自ら強く希望し、文久元年（一八六一）に、二十四歳で英国の江戸駐在公使官の補助官兼医官として日本に赴いている。

文久二年には、生麦事件に遭遇。殺害された英国商人リチャードソンの治療のために、横浜外国人居住区から馬で生麦まで真っ先に駆けつけた一人であった。江戸から薩摩に帰国途中の島津久光の行列を、乗馬のまま横切った英国人を馬から引きずり落とし、一刀両断に切り捨てた示現流奈良原喜左衛門の「切り捨てご免」であったが、イギリス側は下手人の処罰、賠償金の要求を迫った。しかし薩摩は譲らず、翌文久三年には薩英戦争となり、ウィリアム・ウィリスも従軍した。錦江湾の英艦船上から嵐の中の戦いを見て、「街中が真っ赤に燃え上がり、台風の闇夜なのに、燃える明かりで船中を歩けた」と記している。更にウィリスは、戦後の和議使者としても英国戦艦で鹿児島へ来た。

戊辰の役の鳥羽・伏見の戦いにおいて、薩摩藩士の大山巌は英国大使パークスに、京都の薩摩野戦病院での負傷者の治療を要請した。パークスは要請に応じ軍医のウィリスを派遣した。漢方医であった高木兼寛も会津に出兵し、そこで西洋医学とくに外科手術のすばらしさを目の当たりにしている。

明治新政府は幕府の医学所を「医学校兼大病院」として復活させることにしたが、薩摩藩は戊辰の役、鳥羽伏見の戦いなどの功績から、院長にウィリスを推薦する。ウィリスは、明治二年（一八六九）に三十一歳で、領事職を一年間休職して東京大病院へ出向した。ところが、大病院に移って二ヵ月も経たないうちに、彼は英国流の臨床重視の医学教育・医療制度をわが国に根付かせることの難しさを思い知らされた。

同年五月、新政府から医学校の責任を任かされた相良知安と岩佐純の二人が、伝染病研究主体のドイツ医学採用の計画を強引に進めていったからである。彼らは、オランダ医学を学び、徳川幕府以来の伝統である長崎養生所出身者であった。オランダ医学がドイツ医学を模範としていたことからドイツ医学に目を向けるのは自然の成り行きであった。イギリス医学の地域医療や福祉という発想は持っていなかったのである。そのためウィリスは、わずか二ヵ月で院長の職を辞さねばならなくなった。

その後、鳥羽・伏見の戦いで頚部に貫通銃創の重傷を負った西郷隆盛の弟の西郷従道を見事に治癒させたことなどで、西郷隆盛らとウィリスは懇意となる。西郷隆盛らは官軍時代からの恩に報いるために、ウィリスを高給で鹿児島医学校兼病院（鹿児島大学医学部の前身）へ迎え入れた。この医学校で高木兼寛はウィリスから2年間英語と医学を学でいる。

アーネスト・サトウは、彼に関する記録を多数、残している。ただ、彼自身の西郷に対する記述は、少ない。が、冒頭にかかげた、西郷から彼に贈られた薩摩焼の由来書には、彼の西郷に対する親愛の情が滲み出ているように思われる。この短文は、ウィリスの自らの仕事に対する、誇らしげなようすをのぞかせてはいまいか。

ウィリアム・ウィリス（William Willis）　一八三七〜一八九四
イギリスの医師。北アイルランド出身。エジンバラ大卒。文久二年（一八六二）、駐日イギリス公使館の医官として来日。戊辰戦争で、薩摩藩や新政府軍の傷病兵の治療にあたる。明治二年（一八六九）、薩摩藩にまねかれ、医学校と病院をひらいた。明治十四年、イギリスへ帰国。

6

帰郷

――鹿児島私学校・西南戦争の西郷どん

西郷寅太郎

記憶に残る子煩悩な父の姿

西郷の嫡男は、十三歳で父と死別していただけに、西郷についての記憶は、さほどの多くない。ただ、教育に厳しく、愛情に厚い家庭的な西郷の一面を、語り残していた。

私は幼少の頃父に別れたのであるから、余り多くの事を知って居ない。今思ひ出づる儘《まま》に古い記憶を辿って、父の面影を偲《しの》ばうと思ふ。〈中略〉

時は矢張り武村《たけむら》の寓に、晴耕雨読の閑散な日を送って居た頃である。自分は幼少な頃非常に小鳥が好きで、籠に飼っては愛翫《あいがん》して居たが、一日の事、大事なこの小鳥が死んで了《しま》ったので、惜いやら、悲しいやら、母に強請《せが》んで、代りの小鳥を買って呉れと、駄々を担《こ》ねて泣き騒いで居た。折柄《おりから》父は裏の畑で仕事をして居たが、旋《やが》て一呼吸入れやうと軒先に腰をかけ、凝《じっ》と私の泣くのを見て居た。母はすぐに煙草盆に火を入れて持って行くと、父は黙々として煙草を契ひながら泣き騒ぐ私を尚も凝視して居たが、余りに駄々の捏ね様が激しいので、突然私を鷲づかみにして、鉄の岩丈な煙管に、まだ真の火を点けた許《ばか》りの煙草のつまって居るのを、グイと首筋に当てがった。

熱いの！　熱くないの!!　恐いの！　恐くないの!!　生来これ位恐ろしい事はなかった。だが父は一喝だもしないのだ。さらでも恐ろしい眼がギロリと光ったのみであった。私は熱いやら、恐ろしいやらで、極力父の手から逃れやうと、もがきにもがくと、コロリ!!　煙管の火は落ちて、首すじから背中を伝った熱さ、実にこの時程恐ろしいと思つた事はない。

（「獄が肘ぶ児の臓腑」田中万逸著『大西郷秘史』大正三年　武侠世界社刊）

西郷寅太郎は、隆盛と糸との、嫡子であった。資料によっては、糸を西郷の「三番目の妻」と解釈する向きもあるようだが、当時はまだ一夫多妻制が認められていた時代であり、また愛加那は、薩摩藩で公然と行われていた「島妻《とうさい》」の習慣に則り、薩摩へ連れていくことはできない決まりであったから、糸は後妻ながら、正室であるに変わりはなかった。ゆえに、西郷家を継ぐべき嗣子は、寅太郎である。

西郷は、寅太郎が十二歳のおり、西南戦争に散った。

私学校生徒の暴発を知った西郷が、観念したように身支度を整え、武村の家を出ていくとき、付いていこうとする寅太郎を、西郷は制していた。

寅太郎の、幼い頃の記憶は、貴重な西郷の姿を伝えている。彼がまだ幼く、出征を免れたからこそ、われわれは在りし日の、政争の場を離れた西郷の姿をしのぶことができるのである。

寅太郎は、西郷が四十歳近くになって生まれた子であったから、どこかしら甘えたところがあったのだろう。冒頭の文は、西郷が幼い寅太郎を叱った例であったが、同じ文章に、わが子を可愛がる様子も残されている。

これも矢張り父が畑に居る時の事、私は父が精々《せっせ》と耕耘して居る傍で遊んで居た。処が父は非常に欺冬の蕗が好きであったが、子供心にも斯くと知って居た私は、漸く土を撞げた許りの欺冬の蕗の、中でも美事なのを掘り取って父にやった。

すると父は非常に喜んでくれたが、而《しか》もかゝる事が余程嬉しかったと見え、母に向っても寅太郎が、これを俺に呉れたのだといって、自ら台所へ持って来て、自らこれを料理して賞美したさうであるが、今でも母は能くこの時の話をして、

「アノ時には余ツ程嬉しがられたと見える。」

といって居る。さて欺冬の蕗は、刻んで茹いて、酢醤油で喰べるのが好きであった。（前掲

書）

そこには、ごくごく家庭的な、子煩悩な父の姿があった。

西郷寅太郎（さいごう・とらたろう）一八六六〜一九一九
明治―大正時代の軍人。慶応二年七月十二日生まれ。西郷隆盛と糸の長男。明治二十四年プロイセン陸軍士官学校を卒業。二十八年陸軍中尉となり日清戦争に参加。歩兵第一連隊大隊長をへて大正四年習志野俘虜収容所長。五年大佐。侯爵。貴族院議員。大正八年一月四日死去。五十四歳。

谷干城

国民国家へのいばらの道を歩いた猛将

根っからの軍人であった土佐藩出身の谷は、西郷は壮兵主義――すなわち国軍は職業軍人によるべきであり、徴兵制はとるべきではない、と主張していたと回想する。その谷が、西南戦争で誕生間もない徴兵制による国軍で、西郷率いる薩軍と対峙する。

初め三藩の献兵は皆、維新戦功の兵にして、此を以《もっ》て朝廷の基礎を固め、廃藩を断じ、此の兵は、長く徳川氏の旗本八万騎の如きものに成り、頗《すこぶ》る優待さるものの如く考へし者多かりしが、飛鳥尽きて良弓収まるの譬《たとえ》の如く、少々厄介視せらるるの姿と成り、且つ近衛兵の年限も定り、一般徴兵の制に依る事に決したれば、長州の外は薩士共、不快の念を抱けるが如し、殊に桐野（利秋）は最も徴兵主義に不満なりし、西郷は寡言の人なり、故に明言はせざるも矢張、壮兵主義なりしか如し、山県、小西郷（従道）は洋行帰りにて専ら徴兵を主とし、此の時、軍時の参謀は西周助（周《あまね》）なりし、西が山県を助け、陸軍を改革せる功は実に不鮮少《せんしょうならず》、徴兵断行の功は、余は山県なりと信ず、余は壮兵の議論多くして御し難く、害多くして利の少きを感じたれば、山県の徴兵主義に賛成せり。

（『隈山貽謀録』島内登志衛編『谷干城遺稿　上巻』大正元年靖献社刊）

尤《もっと》も其以前から京都と江戸とで有志、互に声息を通じて兵を挙げる積りになって居たのを、後藤が大政奉還などと、あぢな事をやり、戦さをせずに治める事になっだので、戦さ主義の連中は目的がはづれ、西郷なども大心配をして居たが当時の形勢は到底戦争なしに治まるべき筈がない。何づれどちらからか手出しをする事になるのは知れ切って居だのを、幕府側から手を出したと云ふので、西郷なども大喜びをした訳であった。

（「漸やく始まりましたよ」『日本及日本人　南洲号』明治四十三年九月）

明治十年（一八七七）の西南戦争は、当初、有栖川宮熾仁親王が勅使となり、島津久光と西郷隆盛を招致して、蹶起《けっき》を鎮撫する予定であった。が、出発の直前に薩軍北上の報に接したため、とりやめとなった。二月十九日政府は征討令を下すと、不平士族たちの蜂起を想定して、

各鎮台司令官へ臨機専決の権限を与え、薩軍の行動を偵知《ていち》すると同時に、陸軍の本営を大阪に設けた。翌二十日には先鋒二個旅団（近衛・東京・大阪各鎮台の混成、兵力約六千）が、神戸を出帆して九州博多をめざしている。

官軍は戦局の進展にともない、逐次、兵力を増強し、十個旅団（兵力五万八千）にまで膨れあがった。あらゆる面で薩軍より優位にあった官軍にとって、唯一の気がかりは熊本城の去就であったろう。もし、薩軍が初動において、熊本城を攻略するようなことがあれば、天下人心の向背はどうなるか――。

殺到する薩軍の兵力は約一万三千、七個大隊（一個大隊、約二千）。薩軍には熊本・日向・豊後の各地から参加するもの七千余、その後の募兵約一万をあわせると、薩軍の全兵力はのちに、約三万に達している。

他方の熊本城に籠る熊本鎮台の兵力は、守将谷干城《たてき》少将以下三千三百余（うち、将校の家族十九名、知事以下県官二十三名）、各種火砲二十六門でしかない。歩兵には最新式のスナイドル銃を配備済みとはいえ、援軍の到着まで城を持ち堪えられるか否かが、西南戦争の戦局を決定づけることになったといえる。

しかも悪いことに、熊本城は不運にも一年前、神風連のわずかな人数で占拠されかかった経験がある。加えて、籠城準備の最中の二月十九日午前十一時四十分、突然、砲三門が爆裂し、天守閣を焼失し城内を焦土と化した。そのため城中に蓄えていた三十日分の糧食が焼け、その欠乏が心配された。

西南戦争から五十年を経た昭和二年、熊本市内に余世をおくる、元陸軍歩兵大尉清水鋭威《えいい》翁(旧姓岡本)が、「大阪朝日新聞」の五月七日付の記事で、「世に顕《あら》はれた清水翁の勲功　川上大将の上申書を熊本師団倉庫内で発見」と題してとりあげられた。

内容は西南戦争当時、歩兵第十三連隊長代理として熊本城内にあった川上操六陸軍少佐が、陸軍卿山縣有朋に報じた、清水少尉の勲功の上申書の控えが、たまたま熊本第六師団司令部(もと熊本鎮台司令部)の倉庫から出てきたというもの。

なによりも驚かせたのは、清水翁が城内から外部への連絡にあたった、密使谷村計介の先導をなしたこと、また、それまで知られていなかった明治十年六月二十四日の、日向の国境、赤松峠での死闘と、全滅の危機に瀕した官軍を、清水翁が手兵一小隊を率いて死守した功績などが、詳らかに記されていたことであった。

徴兵制による鎮台兵を統率した谷は熊本城を死守し、のちに、さらに鹿児島攻撃にも加わった。十一年陸軍中将となり、東部監軍部長、陸軍士官学校長兼戸山学校長などを歴任。鳥尾小弥太・三浦梧楼らと陸軍部内の反主流派を形成し、山縣有朋らと対立した。十四年九月、鳥尾らと連名で、国憲創立議会開設を建白。十七年五月宮内省出仕、学習院院長に任ぜられた。

のち、谷は日露開戦に反対論を唱え、また日英同盟にも批判的態度を保った。陸軍内で山縣有朋と対立し、反戦をつらぬいた谷には、戊辰や西南戦争で流れた血の多さから学ばぬ現実に、やりきれぬ思いを抱いていたことであろう。

谷干城（たに・たてき）　一八三七～一九一一
明治時代の軍人政治家。天保八年二月十二日、土佐藩士に生まれる。維新後陸軍にはいり熊本鎮台司令長官。西南戦争の際熊本城を西郷軍の攻撃からまもりぬく。明治十一年、陸軍中将。第一次伊藤博文内閣の農商務相となるが井上馨外相の条約改正案に反対して辞任。学習院院長。貴族院議員。明治四十四年五月十三日。死去。七十五歳。通称は申太郎守部。号は隈山。

川路利良

西郷を慕い、背いた男の筋の通し方

鹿児島では、西郷人気に比して、初代大警視の人気が低い。西南戦争の折り、密偵を送り込んだという誤解が、いまだに流布しているからだ。しかし実は、彼も薩摩隼人の一人だった。

送西郷君南洲帰郷
万里帰心不暫留
夢魂先去向南州
薫風四月江門晩
客裏送君増客愁

西郷君を南洲の郷《ごう》に帰すを送る
万里帰心《きしん》しばらく留《とど》まらず
夢魂先去《むこんせんきょ》して南州に向かう
薫風四月江門《こうもん》の晩
客裏《かくり》に君を送るの客愁も増す

（故郷へ帰りたい気持ちは万里をこえ、少しも留まることはない。魂は故郷を夢みて先行し、南の国へと向かう。薫風の吹く四月、江戸の晩。旅にあたって、君を送ると旅のわびしさも増す）

（『龍泉遺稿』から川路利良の漢詩　筆者による読み下し）

警視総監は数多いるが、〝大警視〟といえば、それが指す人物は、川路利良しかいない。彼が日本へ持ち帰り、根づかせようとしたものは、パリ警視庁のポリスを模範とした東京警視庁であった。なにしろ明治日本では、国民がポリス＝警察官を、これまでに見たことがない。まったく知らないものを認知させるには、どれほどの労力が必要であったろうか。

また、国内には、誕生間もない新政府に、不平・不満をもつ反政府勢力が跋扈《ばっこ》していた。警察を根づかせるためにも、川路は彼らと実地に戦い、勝ち抜かねばならなかった。大恩ある西郷隆盛に、結果として歯向かい、上司である大久保利通への信義のため、薩軍と刺し違える覚悟を固めた川路――その決断、実行にいたるまでの半生もまた、凄まじいの一言に尽きた。

冒頭の漢詩は、川路が西郷を江戸（このときは、すでに東京）から故郷に送るにあたって読まれたものである。西郷は、川路にとって恩人といえる人物であった。素朴、というよりは無邪気ともいえる内容でありながら、西郷への親愛の情がみてとれる。

天保五年（一八三四）五月十一日、鹿児島城下から三里（約十二キロメートル）はなれた鹿児島郡伊敷村比志島《ひしじま》（現・鹿児島市皆与志町《みなよし》）に、川路利良は生まれている。通称は正之進。藩主に御目見得《おめみえ》の資格はなかった。幸い、上背は百九十センチ近く、剣の腕にも自信があった。ときは幕末――元治元年（一八六四）六月、長州藩や尊攘過激派の浪士たちが引き起こした、蛤御門《はまぐりごもん》（禁門）の変であった。

この一戦で川路は、二つの功名をあげていた。

敵将・来島又兵衛を狙撃するよう指示した軍功が一つ。いまひとつは、敵将・国司信濃の家来で、長州誠意隊の剣の達者・篠原秀太郎（忠孝）を激闘のすえに討ち取っている。これによって、先輩の西郷・大久保（ともに下級藩士）に名前を知られるようになった川路は、鳥羽・伏見の戦いにはじまる戊辰戦争でも奮戦している。

そこへ、明治二年（一八六九）三月からの欧州留学をおえて、西郷の実弟・従道《つぐみち》が帰国してきた（明治三年七月）。彼はフランスに滞在して軍政の研究、併せて警察、鉄道なども視察。帰国後、まだ鹿児島にあった兄の隆盛を訪ね、己れの見聞を熱心に語って聞かせた。

ポリスのことを聞いた〝大西郷〟は、薩摩藩の藩政改革で、生活に困窮することになった郷士の就職先になる、と考えたようだ。明治四年七月に、邏卒三千人が帝都に配備された。「廃藩置県」が行われ、司法省が誕生し、肥前佐賀藩出身の江藤新平がそのトップとなった。邏卒総長（六人）の一人となていた川路は、邏卒の調査・研究に、欧米への出張を命じられた。

川路は渡欧中、警察監獄の施設、組織、仕事の内容、給与体系などを調査し、文字通り寝食を忘れて勉強している。滞欧約一年、帰国した川路をまっていたのは、相次ぐ長洲閥政府高官による疑獄事件、大蔵省の解体＝内務省の誕生。征韓論争に端を発した西郷以下、江藤を含む参議（内閣の閣僚に相当）五人の辞職――云々。

明治七年一月十五日、東京警視庁が創設されると、二十四日に川路は大警視に任じられた。打ちつづく、全国の不平・不満士族による反乱――佐賀の乱、神風連の乱、秋月の乱、萩の乱、そして西南戦争。

西南戦争が開戦となると、自ら別働第三旅団（のち別働第四旅団）を率いて、戦場へ出ている。九月二十四日、恩人の西郷は五十一年の生涯を城山に閉じ、勝利した政府軍を率いた大久保は、翌年五月十四日、石川県士族に暗殺され、四十九歳でこの世を去ってしまった。

上司でもあり、心の支えでもあった大久保を失った川路は、二度目の渡欧で肺結核を病む。彼は日本に戻されるが、帰国五日目の十月十三日、死去した。

川路利良（かわじ・としよし）一八三四～一八七九
明治初期の警察官僚。薩摩藩下士の家に生まれる。戊辰戦争に参加し、明治四年（一八七一）、東京府大属となる。

翌明治五年、警察制度視察のため渡欧。帰国後、司法権と警察権の分離を主張して、警保寮の司法省から内務省への移管を建議し、実施される。明治七年、東京警視庁の大警視。西南戦争では陸軍少将を兼ねた。

福澤諭吉

抵抗の精神を教えてくれた人

西郷は偉大な人物。日本がどれほど狭くとも、国の法がいかに激しいものであっても、一人の人物を受け入れる余地はなかったのか、と西南戦争の西郷を支持し、福澤は激しく憤る。

凡そ人として、我が思ふ所を施行せんと欲せざる者なし。即ち専制の精神なり。故に専制は、今の人類の性《さが》と云ふも可《か》なり。人にして然り。政府にして然らざるを得ず。政府の専制は咎《とが》む可らざるなり。

政府の専制、咎む可らずと雖《いえど》も、之を放頓すれば際限あることなし。又これを防がざる可《べ》からず。今これを防ぐの術は、唯これに抵抗するの一法あるのみ。世界に専制の行はるゝ間は、之に対するに抵抗の精神を要す。其趣は、天地の間に火のあらん限りは、水の入用なるが如し。

近来日本の景況を察するに、文明の虚説に欺かれて、抵抗の精神は次第に衰頽するが如し。苟《いやしく》も憂国の士は、之を救ふの術を求めざる可らず。抵抗の法、一様ならず、或は文を以てし、或は武を以てし、又或は金を以てする者あり。今、西郷氏は政府に抗するに武力を用ひだる者にて、余輩の考とは少しく趣を殊にする所あれども、結局其精神に至ては間《かん》然《ぜん》すべきものなし。

(『惣四丁丑公論緒言』明治十年十月二十四日　福沢諭吉記)

＊『丁丑公論』は明治十年西南戦争鎮定直後に書かれたが、世に公表されたのは明治三十四年である。

万延元年(一八六〇)、日本人初のアメリカ派遣使節団の話が伝えられた。

「なんとしてもアメリカへ行きたい」

福沢には、直感するものがあった。渡米は日米修好通商条約批准のためのものであったが、もとより幕臣でもなく諸藩の、しかも身分の低い福沢には、乗船できる資格など与えられるはずもなかった。だが、ここが運命の分かれ道になる、と福沢は思った。

技術で世を渡っていくためには、その最先端をいかねばならない。でなければ、一流のスペシャリストとはいえなかった。

福沢は、かつて適塾へ入門したおりと同様に、四方八方に手を回し、人づてを頼り、それこそ藁にもすがる思いで、正使の乗る米艦「ポーハタン」ではなく、僚艦の幕府軍艦「咸臨丸」で提督をつとめる木村摂津守喜毅の、私的従者の資格で乗船の許可を得る。役職としては、単なる荷物担ぎの下僕に過ぎなかった。

余談ながらこの時、咸臨丸の艦長を拝命したのが勝義邦＝海舟である。海舟もまた、海軍のスペシャリストを志向し、渡米に己れの未来を賭けていた。

アメリカ滞在中、福沢は合衆国初代の大統領ジョージ・ワシントンの子孫は、現在どうしているかを尋ねてまわった。が、誰一人として知る者がいなかったことに、彼は大いなる感慨を抱いた。

「天は人の上に人をつくらず、人の下に人をつくらず」

福沢の名言が実感されたのは、おそらくこの時であったろう。

彼は写真館の娘と一緒に写真を撮り、ウエブスターの辞書一冊を購入して日本へ戻った。

この渡米がそれからの福沢を決定づけた。帰国後、その洋学の才を買われ、幕臣に取り立てられ出世したものの、福沢のおもしろさは、己れが旗本になっても、それは身分が上昇したとは考えず、技術のみを買われたのだと、実に割り切った自己認識を持っていた点であろう。

語学技術者に徹した福沢は、さらに公務で軍艦購入のために欧米諸国をめぐり、その知識を磨くと、一方では慶応二年（一八六六）に『西洋事情』を著わして、開国した日本人に多大な感化を与えてもいる。

帰朝後、大政奉還下の幕府に〝御暇願《おいとま》い〟（退職届）を出した福沢は、中津藩の禄も、新政府の招きもうけず、私塾「慶応義塾」を開設。若い人たちに西洋の学問を教えることに専念した。明治元年（一八六八）に鉄砲洲から芝新銭座に転居した「慶応義塾」は、さらに同四年に三田山上へ移る。後進の指導にあたる半面、福沢は国民の啓蒙活動に懸命の努力をはらい、日本の言論界に多くの功績を残した。

明治三十四年二月にこの世を去っている。享年は六十八であった。

福沢諭吉（ふくざわ・ゆきち）　一八三四〜一九〇一
幕末・明治時代の思想家。天保五年十二月十二日生まれ。豊前中津藩藩士。大坂の適塾でまなび安政五年、江戸で蘭学塾（のちの慶応義塾）をひらく。英学を独修し七年、幕府の遣米使節に同行して咸臨丸《かんりんまる》で渡米。以後二回、欧米を視察。元治元年、幕臣となり外国奉行翻訳方をつとめる。維新後は官職を辞して生涯野にあった。明治十五年「時事新報」を創刊。人間の独立自尊実学の必要性を説き脱亜論をとなえた。明治三十四年二月三日死去。六十八歳。著作に『西洋事情』『学問のすゝめ』『文明論之概略』など。

中江兆民

今の世に西郷がいてくれたなら

漢の高祖にあたる人物、と西郷を評価する中江は、彼が自分を起用してくれれば、自分としてもその素質をのばすことができたであろうに、と彼の不在を嘆く。

先生は以前、詩を吟じて、いわく、「妃上に書をうけて知ることすでにひさし。泥中だれかこれ蛇を斬る人ぞ」と。先生が、社会の改革に野心をもやしたとき、心ひそかに中国の張良をもって自任していた。いわく、諸葛亮は、東西、古今を通じて第一級の人物だから、自分などは、とても足もとにもおよばない。けれども、張良であるならば、自分でも同じような働きができるだろう。ただ、自分のために起用者の漢の高祖（劉邦）にあたる人物のいないことだけが、しごく残念である。もし西郷南州翁が生きていたならば、たぶん自分を起用してくれて、自分としてもその素質をのばすことができたであろうに。そして、いまやその西郷はいない、と。話がこの点にふれるたびに、先生は、感慨にたえないもののようであった。

（幸徳秋水「兆民先生」日本の名著第四十四巻『幸徳秋水』昭和四十五年　中央公論社刊）

明治二十三年（一八九〇）十一月、大日本帝国憲法が発布され、第一帝国議会が招集された。だが、期待された政党政治は政府の懐柔策で支離滅裂、民衆はいいようのない幻滅を感じていた。衆議院議員となった、〝東洋のルソー〟こと中江兆民《なかえちょうみん》は、同年七月の第一回総選挙では、大阪第四区から立候補し、見事、当選。九月には、立憲自由党を結成していた。

しかし、翌明治二十四年の二月、第一議会においては政府予算案に対する衆議院の妥協的態度に憤慨した兆民は、政府に買収された議員——具体的には自由党の土佐派——を、「無血虫の陳列場」と罵倒し、議員を辞職してしまう。そして、次の一言をはなった。

「ああ、今の世に西郷翁さえあれば——」

漢の高祖たる西郷さえいてくれれば、私は張良のごとくに、腹心として獅子奮迅のはたらきを見せるのだが、との思いである。

兆民は土佐藩の足軽の子として生まれ。軽輩の出ながら、慶応元年（一八六五）に藩給費生として長崎に留学。フランス学に接するとともに、坂本龍馬と出会い、多大な影響を受けていた。のちに岩倉使節団の留学生として渡仏。帰国後は外国語学校の校長などをつとめ、元老院権少書記官に転じ、『東洋自由新聞』の主筆となった。

冒頭の一文は、明治三十五年五月に博文館から刊行された、幸徳秋水の著作『兆民先生』だが、実はこの書には龍馬のことも出ていた。

「先生（中江兆民）曾て坂本（龍馬）君の状を述べて曰く、豪傑は自ら人をして崇拝の念を生ぜしむ。予は当時少年なりしも、彼を見て何となくエラキ人なりと信ぜるが故に、平生、人に屈せざるの予も、彼が純然たる土佐訛りの言語もて「中江のニイさん、煙艸《たばこ》を買ふて来てオーセ」などと命ぜらるれば、快然として使ひせしこと屢々《しばしば》なりき。彼の眼は細くして其額は梅毒の為め抜上がり居たりと」

すなわち兆民は、龍馬の影響を強く受けつつ、西郷への敬慕も強かったのだ。

二人に共通するものは——その手法は大きく違うが、民を主とする社会であったろう。

西郷と龍馬の回想が載った『兆民先生』は、『万朝報』記者の時代に書かれたものであった。果たして、それは兆民の言葉であったのか。もしかしたら、兆民に仮託した秋水の思いであったのかもしれない。

もし、そうであったとしても、兆民・秋水の印象をとおした西郷、龍馬それぞれのイメージは、のちにアジア・太平洋戦争を経て、戦後の日本に、主流の役割を担ったように思われる。

中江兆民（なかえ・ちょうみん）　一八四七〜一九〇一
明治時代の思想家。土佐高知城下の山田町（現・高知市はりまや町）に、土佐藩足軽で下横目（下級警吏）・中江元助の長男として生まれた（生誕地には異説あり）。幼名は竹馬、のち通称を篤助（篤介）とした。藩給で長崎に留学し、平井義十郎からフランス学を、江戸に出て村上英俊のフランス塾「達理堂」で学んだ。維新後、箕作麟祥《みつくりりんしょう》の塾に学び、さらに福地源一郎の塾「日新社」の塾頭となった。明治四年（一八七一）、岩倉使節団に同行して、フランスに留学。帰国後、仏学塾をひらき、東京外国語学校長、元老院権少《ごんのしょう》書記官をへて、明治十年から在野で活動。同十四年、西園寺公望らと「東洋自由新聞」を創刊し、十五年にはルソーの『社会契約論』を訳注した『民約訳解』を刊行。明治二十年、保安条例により東京を追放され、大阪で自由民権・反政府の「東雲《しののめ》新聞」を創刊。明治二十三年、第一回総選挙で衆議院議員に当選するも、翌年辞職。晩年は一時、事業も行うが、著述を専らとした。

頭山満

西郷の遺志を引き継ぐという思想

今の元老とか大臣とかいう連中が、死んだ人の功労も何もみなな押しのけて、何もかも自分独りでやったやうに吹聴するのとは大分桁が違う、と頭山は西郷の人物を評価する。

此の老人が云ふには、折角御出になったが鹿児島はもう駄目です、此間迄は随分有用の材も茂って居ましたが、残らず伐り倒されて禿山同然になりました、これから植ゑ付けてああいふ大木の林になる迄は容易の事ではありません、而かも西郷のやうな大木は何百年に一本、何千年に一本出るか出ないか分らぬもので、実に残念な事をしましたと、悵然として語られてあったが、其の頃の鹿児島は何とも云へない寂びしいものであった。俺れは此の老人始め其の他色々の人から、西郷の話を聞いたり、其の書いたものを見たりして、実に豪い人だと思って居る。

（「大木の伐り跡」『日本及日本人南洲号』明治四十三年九月）

ある故人について、むかし語りにその人物像を聞かされると、物語として聞いた受け手は、勝手にイメージをふくらませ、対象者を理想化、神格化する、ということは往々にして起こり得た。ましてや、西郷ともなれば、なおさらである。冒頭の頭山の弁は、こうしたイメージの増幅されていく過程を、目の当たりするようなものであった。

頭山は幕末の安政二年（一八五五）に福岡藩士の子として生まれ、明治維新を十四歳で迎えている。西南戦争のおりは二十四歳、すでに立派な成人男性であった。が、彼はこの時、旧福岡藩の不平士族を結集しての蜂起を企て、投獄されている。西南戦争では、薩軍に呼応して旧福岡藩でも約五百名の有志が決起していたが、頭山はそれに参加できなかった。彼が釈放されたのは、西郷が城山に死した九月二十四日、その翌日であった。

明治十四年、頭山は箱田六輔《ろくすけ》、平岡浩太郎《こうたろう》らとともに、福岡で玄洋社を結成する。国家主義運動の草分けとして知られるこの結社には、当初、平岡が社長として就いた。

憲則（社則）に、①皇室の敬戴《けいたい》、②本国の愛重、③人民権利の固守を掲げ、国権の確立をめざした玄洋社は、西郷の征韓論を継承して大陸進出を主張している。

ここそのときに、敬愛する西郷へ合流できなかった頭山の悔しさが、のちの玄洋社発足へとつながっていたのである。玄洋社は板垣退助に呼応し、国会開設請願など、自由民権運動にもくみしたが、外交政策に関しては強硬論を貫き、外務省時代の大隈重信に対して、爆弾テロを試みるなど、国粋主義的過激派組織の様相も呈していた。
西郷に対する思いは、こうした増幅の仕方も、あったのだ。

頭山満（とうやま・みつる）　一八五五〜一九四四
明治から昭和前期にかけての国家主義活動家。筑前福井藩士・筒井亀策の三男として生まれる。幼名乙次郎。のち八郎・満。十九歳で、母方の頭山家をつぐ。明治九年（一八七六）、不平士族の反乱を計画して投獄される。のち自由民権運動にくわわり、明治十二年には向陽社を、明治十四年には玄洋社を結成。やがて国家主義へと転向し、不平等条約改正案に反対、日露開戦を主張するなど、大アジア主義をとなえて日本の大陸進出を主張した。孫文の辛亥革命を支援し、金玉均《キムオッキュン》らの亡命家を保護した。

井上哲次郎

陽明学の精神と致良知

幕末の志士たちが陽明学の影響を強く受け、知行合一で維新回天に向け邁進した中、西郷もまた、陽明学の実践家であったと井上は評する。

かの『南洲遺訓』を見れば能《よ》くわかる。陽明学のことは一言も言って居ないが、陽明学の精神があの文句となったのである。例へば、人を相手にせず天を相手にすべし。天を相手にして己を尽し、人を咎めず、我が誠の足らざる所を尋ぬ可し。といふが如きは「致《ち》良知《りょうち》」の工夫から来たのである。固《もと》より陽明学に依《よ》らなければ斯かる考にはなれないといふ訳ではないが、南洲の此の考が陽明学から来たことは疑ふべくも無い。人を頼みにしてはいけない、人は頼みにならぬ、天を頼みにせよ、天の心に負くは恐しい、天と一体たれ。天の心を以て心とするは致良知である。かゝる単純な考から彼のやりな偉大な人物が出来たのである。単純にして偉大なる考を以て、之を実行する所に偉人の本領が在るのである。

（「西郷南洲の思想系統」『日本及日本人』大正十五年一月号）

井上は明治十七年（一八八四）、ドイツへ留学し、ハイデルベルク大学とライプツィヒ大学で哲学を学んでいた。

帰国後、ドイツ哲学の論理をもとに、東洋思想の哲学的研究へ取り組んでいる。東西の思想を「融合統一」をめざす必要性を説き、その出発点に立った人物であった。だが、この時期の文学、芸術などほかの各分野もそうであったように、まだ和洋折衷が説得力を持ったものとはなっていない。日本が西洋文化を消化するには、まだ少し時間を必要としていた。

哲学を、国家のための学問と考えた井上は、陽明学の思想と、『南洲翁遺訓』を引き合いに出して、西郷を英雄視していた。

いっぽうで、宗教に対しては冷淡な立場をとっている。

その延長上からか、昭和二年（一九二七）には、『我が国体と国民道徳』で、「三種の神器のうち剣と鏡は失われており、残っているのは模造である」と表現して批判を浴び、自ら公職を辞するところへ追い込まれた。

近年、維新の志士たちを、陽明学の影響から総括する傾向があるが、井上の論は、その嚆矢であったというところに、面白みがあった。

井上哲次郎（いのうえ・てつじろう）　一八五五〜一九四四

明治から昭和前期にかけての哲学者。筑前太宰府（現・福岡県太宰府市）の、医師の子として生まれる。旧姓は船越。号は巽軒《そんけん》。幼いころは漢学を、長じて英学を学ぶ。明治八年（一八七五）に上京、東京開成学校予科を経て、同十年、新設された東京大学の哲学科に進む。明治十三年、同科の第一回卒業生となった。杉浦重剛らと『東洋学芸雑誌』を刊行し、翌十五年には、外山正一・矢田部良吉と『新体詩抄』を刊行。新体詩運動の先駆者となる。明治十五年、母校の東京帝国大学の助教授。明治十七年には、ドイツに留学。二十三年帰国し、日本人として初の哲学科教授となった。東西の思想の融合統一をめざすとともに、日本主義をとなえ、キリスト教を排斥した。東京帝国大文科大学長となる。著作に『勅語衍義』「教育ト宗教ノ衝突」「日本古学派之哲学」など。

三浦梧楼

子分たちを放ってはおけなかった

情に厚い、慈悲深く涙もろい人――西郷の、人間としての篤実さを説きながら、その人間としての弱点をも指摘した梧楼。彼は西南戦争に従軍した。もと長州藩士である。

西郷の真価は間違って伝えられて居る事が多い、中にも薩州人の大概《たいがい》は殆《ほと》んど西郷を知らぬと云ってもよい位である、是れはつまり西郷を出来る丈豪《だけえ》らくしようと思って、何もかも西郷がやったようにして了《しま》うから、贔屓《ひいき》の引き倒しで西郷の真の価値は没却して凡骨《およそ》以下に落ちてしまう事になるのぢや。西郷だからって人間である以上、幾多の欠点もあり、そう完全無欠な神様のやうなものではない、有形上の点から云えば西郷も別に何と云う事もないが、無形上の点に於て実に西郷の豪らい所が分る、夫《そ》れを凡夫の浅墓《あさはか》な考へから、此の無形上の豪い点が分らずに、自分共の豪らそうに思う所に西郷を引きつけようとするから、つい凡夫以下に引落すような事になる。

（『日本及日本人　南洲号』明治四十三年九月）

明治十年（一八七七）、西南戦争に第三旅団司令長官として出征した梧楼は、西郷の死に際を、次のように評していた。

「河野主一郎、野村忍助から聞いた事じゃが……終始別府新助に向って『オイ、俺《おい》どんが死んでよか時が来たら、此《これ》を頼むぜ』と云って頸《くび》を叩いて見せて居た相《そう》じゃ。是非分別を離れて首玉にのしをつけて投げだすなどは、とても普通一般の人間では解るまい」（『観樹将軍英雄論』「西郷の真価」）

なぜ、西郷は死ななければならなかったのか。死へと臨む西郷の姿勢を、梧楼は最大限に賛美しているが、冒頭の言葉は、少し意味合いが違った。第三者からみたほうが、よく見えることがある、と彼は言いたかったのであろう。そうしたうえで、西郷と死を結びつけた流れを、こう分析する。

「西郷の美点は、情に厚い、慈悲深い、全く己れと云うものを眼中に置かない所にある、十年の事でもあれ位の成敗利害の分らぬような男でない、明治二年（一八六九）十一月になると云う事はチャンと分って居ても、多年相提携した子分等が見すく淵に陥らうとするのを自分独り傍観する事は出来ぬ、逆賊と云われようが何と云われようが関まわない、これ迄に自分を慕う子分等をして思う存分やり度い通りにやらせれば宜いと思ったのぢや。それだから何もかも関せず焉で、彼等の云いなり次第に引き廻はされて従容として運命を共にした訳である」

西南戦争の原因は、私学校生徒の暴走であり、作戦なき暴挙に成功はない、ということがわかっていた西郷も、同朋や部下を見殺しにはできなかったのだ。

梧楼は、軍属出身で政界の黒幕といわれたが、少なくとも彼は、どっぷりと長州閥に浸っていたような人間ではなかった。奇兵隊出身でありながら、山縣有朋のような長州閥の権化とは対立し、一本筋がとおった印象を与える人間だ。西南戦争で西郷を追いつめた側にいながらも、彼に対して同情をよせているように読み取れるのは、そのためであったろう。

三浦梧楼（みうら・ごろう）　一八四六〜一九二六
明治から大正時代にかけての軍人，政治家。長州藩士・五十部《いおべ》吉平の五男として、長州萩中津江（現・山口県萩市）に生まれる。幼名五郎。のち号して観樹。藩校・明倫館に入るため藩士・三浦道庵の。奇兵隊に入り、第二次長州征討戦に活躍。鳥羽・伏見の戦、北越戦争などの戊辰戦争に参加をへて、西南戦争には第三旅団司令長官として派遣される。戦後、陸軍中将となるが開拓使官有物払い下げに反対したため左遷、山縣有朋らの陸軍改革に反対し、予備役へ編入。学習院院長をへて明治二十八年、朝鮮国駐在特命全権公使となり、閔妃《ミンピ》暗殺事件をおこした。後年は、政界の黒幕として活動。貴族院議員、枢密顧問官。著書に『観樹将軍回顧録』などがある。

犬養毅

西郷に感じた不条理への畏れ

西郷という人はエライ人に違いない、しかしそのエライというのは、心的・霊的問題になったら天下一品の人であることで、忠孝とか節義とかは実に偉大であるが、その政治家的識見政治家的識見と手腕は伴わぬ——犬養の西郷評は辛口であった。

明治の政治家で、国家的経綸《けいりん》の大材ありしものは、何人かと云ふのか。余は残念ながら、之れが所謂ステーツマンである、と云ふ事の云へる人を見出しかねる。維新以来の人物を云へば、先づ指を西郷、大久保、木戸に屈するが、去《さ》りとて此人が、果してステーツマンたる資格を具備《ぐび》したりやと云へば、何人も首肯に苦しむであらう。成程、西郷と云ふ人は、エライ人に違ひない、併し其エライと云ふのは心的問題である。政治を除いて、心霊問題になつたら、西郷は天下一品の人である。人義忠孝とか節義とか究《マ》屈《マ》なる常軌を超越して居る処は実に偉大なものであるが、其政治家的識見手腕は必ずしも之に伴うては居らぬ。

（犬養毅著菊池暁汀編『木堂清話』大正五年　弘学館刊）

大正十二年（一九二三）に成立した山本権兵衛《ごんのひょうえ》内閣には、逓信《ていしん》大臣として犬養毅《いぬかいつよし》が入閣していた。犬養の革新倶楽部《かくしんくらぶ》は、かねてより普通選挙法の成立を目指しており、その提唱する普通選挙法案は、同年十月、閣議での了承を得たが、法案の議会提出にまではいたらなかった。さらに同年十二月、無政府主義者による皇太子襲撃事件、「虎ノ門事件」が発生。その責任をとり、山本内閣は総辞職する。

その後、首相を引き継いだのは、元老・西園寺公望《さいおんじきんもち》の推薦を受けた枢密院《すうみついん》議長・清浦奎吾《きようらけいご》であった。官僚出身で、政党との関係もない清浦は、組閣にあたり貴族院議員のみで閣僚を固める。これに対し、普通選挙実施という目標で結束した憲政会《けんせい》、政友会《せいゆう》、革新倶楽部の三政党は、協力して「第二次護憲運動」を展開。運動は全国的な盛り上がりを見せ、同年五月の総選挙に圧勝。三党で過半数を占めるまでとなった。

この選挙結果を受けて、清浦内閣は総辞職。憲政会総裁・加藤高明《かとうたかあき》を首相とする護憲三派内閣が成立した。加藤内閣は大正十五年三月の議会で、ついに「普通選挙法」を成立させる。

この間、犬養は野党・立憲国民党（のち革新倶楽部）を率い、衆議院に当選しつづけていた。犬養が再び世間の脚光を浴びるのは昭和五年（一九三〇）、ときの浜口雄幸《おさち》首相が東京駅で狙撃され、この傷がもとで辞任に追い込まれてからである。原因は、国際協調を掲げる浜口が「ロンドン軍縮会議」において大幅な譲歩を見せたことに反発する、右翼青年の反抗だった。

さらに、翌昭和六年の満州事変で第二次若槻礼次郎内閣が崩壊すると、犬養に首相の座が回ってくる。

昭和七年、関東軍は「満州国」を建国し、日本の傀儡《かいらい》政権を誕生させる。しかしこれを不当とした中国は、国際連盟に提訴。連盟が満州国を非承認としたことによって、翌八年、日本は国際連盟を脱退してしまう。そんな中、同年に起こったのが「五・一五事件」であった。これにより犬養毅首相は射殺され、内閣は崩壊する。その後の昭和十一年、「天皇親政」を掲げる青年将校らによるクーデター「二・二六事件」をへて、日本は軍による政治の掌握・独裁化の道を歩んでいく。

不運の死を遂げた犬養にしてみれば、西郷に対して政治家の立場から、冷静な意見を投げかけざるを得なかったものであろう。

犬養毅（いぬかい・つよし）　一八五五〜一九三二

明治から昭和時代にかけての政党政治家。父は岡山藩士。慶応義塾に学ぶ。郵便報知新聞の記者として西南戦争に従軍。東海経済新報記者をへて、立憲改進党創立に参画。大同団結運動で活躍。明治二十三年（一八九〇）、第一回総選挙で衆議院議員に当選、以後、第十八回総選挙まで連続当選。第一次大隈内閣文相、第二次山本内閣逓相をつとめる。大正十一年（一九二二）、革新倶楽部を組織し、十三年加藤高明らと護憲三派内閣を結成、逓相に就任。昭和四年（一九二九）立憲政友会総裁。六年、首相となるが、翌年五・一五事件で暗殺される。

大久保利通

西郷と刺し違えた運命の同志

大久保と西郷の間は、小まめに書簡を交わして相談し合うなど、維新の前後は信頼関係に満ちたものだった。ただ根本的な性質としては、対照的であった。現実主義の大久保に対し、禅に傾倒しすぎた西郷が、「何でもイヤダ」といっていたさまには、きわめて冷淡であった。

予が西郷と分るゝに臨み、既に別に言ふ所なく、又争ふの事もなかりき。彼は唯《ただ》「何でもイヤダ」と曰《い》ふを以て、予も「然らば勝手にせよ」と言へる位の物別れなり。元来彼は予の畏友なり、又信友なり、故に私情に於ても亦《また》相《あい》離隔《りかく》するを欲せず。此を以て予は力を尽して其西帰を止めたり。而して彼唯イヤダの一言を以て一貫し去り、遂に去年の惨劇を演出せるは、誠に残念の極《きわみ》なり。アア、西郷当年イヤダの一言、今尚予をしてイヤダ……

の感を抱かしむ。片言と雖も、イヤナ言《こと》もあるものかな。
と日へりとぞ。

（前島密・市島謙吉編『鴻爪痕』大正九年前島会刊）

明治維新このかた、いまだ近代国家建設の道のりは遠かった。

洋行帰りの〝新知識〟も絶対数が不足していた。それでいて、欧米列強との国力の差は、目も眩《くら》むばかりに開いていた。

それでも大久保利通は、けっして弱音《よわね》を吐かず、全国に蔓延《まんえん》していた不平不満の士族・農民に対しても、なんら抗弁することなく、〝凄然〟と宰相の地位にあって対峙しつづけた。

本音《ほんね》が見えにくいため、第三者には冷酷だの、冷血だのといったイメージを抱かれたが、真の大久保は「公」の前に「私」をいっさい出さず、たとえ汚辱《おじょく》に塗《まみ》れる悪評をわが身に被《こうむ》るようなことがあっても、新生日本のために必要である、と判断すれば、「手堅い可能性」にのみ執着して、たとえ満身創痍《そうい》になろうとも逃げず、堂々と目標達成に向けて準備し、万難を排して着実に歩んだ。

その間、いかなる苦境に陥ろうとも、「耐える勇気」をもちつづけ、己れの指導力に誇りをもって、己れの信ずる道を貫き通した。

目的のためには手段を選ばぬ大久保のやり口や毀誉褒貶《きよほうへん》はともかく、その果たした歴史上の役割を、後世の今日、否定しうる者はいまい。

明治十一年五月十四日、いつものとおりに太政官（政府）に向かった大久保は、赤坂の紀尾《きお》井《い》坂で、石川県士族・島田一郎らによって暗殺されてしまった。

享年四十九。

その手腕を発揮すべき、内外の懸案は山積していた。だが、最後の最後まで、現実を直視して逃げなかった点において、その死はむしろ大久保らしいものであったかもしれない。

――大久保は、西郷と刺し違えて死んだ、といえなくはなかったからだ。

西南戦争における西郷への同情、政府に対する恨《うら》み、つらみといった国民感情を、大久保は己れの一命に引き受け、相殺《そうさい》して逝ったのである。

大久保利通（おおくぼ・としみち）　一八三〇～一八七八
幕末・明治時代の政治家。文政十三年八月十日生まれ。薩摩藩士。島津久光に信任され小納戸役となる。西郷隆盛岩倉具視《ともみ》とむすんで討幕運動の中心となり明治政府を樹立。木戸孝允《たかよし》らと版籍奉還廃藩置県を行う。明治四年、大蔵卿となり岩倉遣外使節団副使。六年参議となり西郷隆盛の征韓論をしりぞけ同年内務卿を兼任。佐賀の乱・神風連の乱・西南戦争などを鎮圧。地租改正を行い、元老院大審院地方官会議の設置による立憲制の樹立をめざした。明治十一年五月十四日。東京紀尾井《きおい》坂で、石川県士族島田一良《いちろう》らに暗殺された。四十九歳。初名は利済。

通称は正助のち一蔵。号は甲東。

牧野伸顕

大久保利通の息子が見た西郷

下野後の西郷は、自分の悲劇的な運命を支配することができなかった。西南戦争は実に、血族同士が戦った悲惨な出来事であった——そう語る大久保の息子は、この歴史的出来事に自ら評価はくだしていない。

いよいよ出兵の序幕を開いた時、〈中略〉西郷は今回の挙兵が、陸軍大将たる自分の名において政府の責任を問うことを名目としていることに気付いていたろうか。そしてまたその原因をなした自分に対する暗殺事件の事実も、恐らく西郷は信じていなかったと思う。しかしそれが不思議なことで、心ではそういうことを承知しながら、西郷は何もすることが出来なかった。これは実に悲劇的なことであって、事態がそのようになると誰にもその推移を支配することは出来ないのではないかと思う。

（『回顧録』昭和五十二年中公文庫）

牧野伸顕は、大久保利通の次男であった。姓が異なるのは、遠縁にあたる牧野家の家督をついだからである。

わずか十一歳にして、父や兄・利和《としなか》とともに岩倉遣欧使節団に加わって渡米。フィラデルフィアの中学を経て、明治七年（一八七四）に帰国し、開成学校（東京大学の前身）に入学していた。

大久保の実子であっただけに、西南戦争にいたる事情については、さすがに詳しい。ただし西南戦争当時、彼は十七歳。まだ開成学校の学生であった。

この時期の大久保家について、三男の利武（幼名・三熊）は次のように述懐している。

「私共は父に叱《しか》られた記憶はありませぬ。（中略）兄共（長兄・利和《としなか》と次兄・伸顕）は当時、東京大学の寄宿舎に居ましたが、私共は夜分など馬車の音がすると皆争うて玄関に出迎へ、前後左右より付き纏《まと》うて室に入るのでした。父が椅子《いす》へ掛ける。私共が寄ってたかって靴を脱《ぬ》がせる。一生懸命に引張る。すると熊（大久保の四男・雄熊＝のち石原雄熊のことか）と足を固くしたり緩《ゆる》くしたりいろいろと悪戯をする。或時《あるとき》私が、脱がした靴を再び穿《は》かして、夫《そ》れを力を入れてまた引張ると、力が余って後にころげるのを見て、笑ったときの父の顔を、いまもありありと覚えて居ます」

まだ、あどけなさの残る子供であった。伸顕と利武の年齢差は、四歳。洋行帰りの伸顕はエリートであり、当時、十五で元服する武士の概念も健在だったから、信頼は自らも大人であると認識していたかもしれないが、西南戦争勃発当時の西郷について、どれだけの見識をもてていたか……とは思われる。

ただし、叛乱勃発前の不気味な鹿児島の様子は、実体験として知っていた。

私は明治七年に米国から帰朝し、その年の暮に墓参のために鹿児島に帰った。いわゆる洋行帰りで洋服を着ていて、ちらかったりした。鹿児島には二ヵ月ばかりいたが、大久保は皆に相当憎まれていたので、若い者が家の門の前を影似したりして、西郷や桐野などの先輩が鹿児島にいることだし、大したことはないことは解っていたが、かなり不安なことがあった。この時、我々が鹿児島に帰った機会に、それまでまだ鹿児島にいた母や末の弟を連れて帰京することになった。その時まで母たちがまだ鹿児島にいたのは、維新の当時は皆そうで、東京に行ったものはお役目がすめばすぐ国に帰って来るつもりで、その家族は大部分郷里に残っていた。ところが、我々と一緒に山田直矢という従兄弟を東京へ連れて行こうとすると、私学校が難しいことを言ってなかなか許さない。それで知り合いの私学校の先輩に頼んで、ようやく連れて行く許可を得た。

(『回顧録』)

そして、伸顕の幼なじみであった西郷菊次郎は、この戦争で膝を切断する大けがを負っている。さらに翌年、伸顕は父・利通をテロで失っていた。英傑の子として、激しい時代の流れに甚大な影響を受けるのは、当然のことだが、長じてからさらに、伸顕は西南戦争前後について、深い考えたに違いない。

伸顕の『回顧録』は、維新の人物が語ったことが随所に登場し、その貴重さは計り知れない。ただし伸顕は私見を挟むことが少なくなく、多くは元老や関係者からの伝聞である。冒頭の一文でも、西郷に対する感慨が控えめに述べられていた。

大久保の実子という立場として、語れなかったのではあるまいか。

その伸顕が、西郷の姿について印象を書き残していた。

自分の位置とか偉いとかいうことには頓着のない方であったと思う。御出《おいで》になるとよく字を書かれた。吾々は唐紙の箸を押える役目を勤めたことである。あの大きな体で股を開いて書かれる。肝心の処まで見えるので笑うと、一喝される。こわいような親しみのあるような思いをしたこともあった、何しろ人間の大きな力で、普通の人間とは吾々は思わなかった。

（『松濤閑談』一九四〇年　創元社）

案外、伸顕はこうした仰ぎみるような、非現実的な存在として、みていたのかもしれない。

牧野伸顕（まきの・のぶあき）　一八六一〜一九四九
明治・昭和時代前期の政治家。文久元年十月二十二日生まれ。大久保利通の次男。吉田茂の岳父。遠縁の牧野家をつぐ。外務省にはいり駐イタリア公使などをつとめる。明治三十九年第一次西園寺内閣の文相となり、義務教育の四年から六年への延長などに尽力。のち枢密顧問官農商務相外相パリ講和会議全権宮内相内大臣を歴任。伯爵。昭和二十四年一月二十五日死去。八十九歳。

7

遠望

――没後の西郷どん

岡本綺堂

〝西郷星〟のこと

西郷の伝説化は、すでに西南戦争の勃発した明治十年からはじまっていた。この年、天空には〝西郷星〟なる巨星が出現する。巷では、西郷の魂が宿っているのではないかと噂が広まった。

かの西南戦役《せいなんせんえき》は、わたしの幼い頃のことで何んにも知らないが、絵草紙屋《えぞうしや》の店にいろいろの戦争絵のあったのを記憶している。いずれも三枚続きで、五銭くらい。また、そのころ流行《はや》った唄に、

〽帽子《シャッポ》は兵隊さん、西郷に追われて、

トッピキピーノピー。

今思えば十一年八月二十三日の夜であった。夜半《よなか》に近所の人がみな起きた。私の家でも起きて戸を明けると、何か知らないがポンポンパチパチいう音がきこえる。父は鉄砲の音だと云う。母は心配する、姉は泣き出す。父は表へ見に出たが、やがて帰って来て、「なんでも竹橋《たけばし》内で騒動が起きたらしい。時どきに流れだまが飛んで来るから戸を閉めて置け。」と云う。わたしは衾《よぎ》をかぶって蚊帳《かや》の中に小さくなっていると、暫《しばら》くしてパチパチの音も止《や》んだ。これは近衛《このえ》兵の一部が西南役《えき》の論功行賞《ろんこうこうしょう》に不平を懐《いだ》いて、突然暴挙を企てたものと後に判った。

やはり其の年の秋と記憶している。毎夜東の空に当って箒星《ほうきぼし》が見えた。誰が云い出したか知らないが、これを西郷星《さいごうぼし》と呼んで、さき頃のハレー彗星《すいせい》のような騒ぎであった。しまいには錦絵まで出来て、西郷桐野《きりの》篠原《しのはら》らが雲の中に現われている図などが多かった。

また、その頃に西郷鍋というものを売る商人が来た。怪しげな洋服に金紙《きんがみ》を着けて金モールと見せ、附け髭《ひげ》をして西郷の如く拵《こしら》え、竹の皮で作った船のような形の鍋を売る、一個一銭。勿論《もちろん》、一種の玩具《おもちゃ》に過ぎないのであるが、なにしろ西郷というのが呼び物で、大繁昌であった。私などは母にせがんで幾度も買った。

そのほかにも西郷糖という菓子を売りに来たが、「あんな物を食っては毒だ。」と叱《しか》られたので、買わずにしまった。（岡本綺堂著『綺堂むかし語り』より「西郷星」一九九五年　光文社文庫）

名作、『半七捕物帳』の作者として知られる岡本綺堂は、古き良き江戸を舞台にした捕物の小説を得意としていたが、彼が幼い頃の記憶を頼りに語ったのが、冒頭の一文であった。

〝西郷星〟の実体は、この年、公転の関係で地球に大接近した火星であった。最接近時の明治十年（一八七七）九月三日には、地球からの距離五千六百三十万キロ、光度マイナス二・五等あまりの明るさとなっていた。惑星としては、金星に次いで明るい星となっている。

が、天文の知識が乏しかった当時の人々は、綺堂のいうように、これが惑星であることを知らず、これを箒星《ほうきぼし》＝彗星《すいせい》と信じた。

「急に現われた異様に明るい星の赤い光の中に、陸軍大将の正装をした西郷隆盛の姿が見えた」

という噂が、当時、まことしやかに流れている。これに便乗してた絵師たちが、西郷星を描いた錦絵を多数、売り出して大流行となった。この様子は、エドワード・モースの日記（一八七七年九月八日付）にも記されている。

また、このとき火星のそばに、寄り添うように接近していた土星は、西郷の側近であった桐野利秋にちなみ、〝桐野星《きりのぼし》〟と呼ばれた。

綺堂の小唄にもあるように、江戸の庶民は判官びいきで、新政府軍よりも、西郷の薩軍に同情的であった。西南戦争が終了後、西郷が鹿児島の城山に自刃したという報道が流れても、西郷生存説が生まれている。話は、死んだはずの西郷隆盛が、実はロシアに逃げ延びて、ロシア皇太子のニコライとともに、日本へ帰って来るというデマまで流されるようになっている。

のちの明治二十四年五月十一日、滋賀県大津で発生したニコライ皇太子の傷害事件（大津事件）は、当時、皇太子一行の警備にあたっていた巡査の津田三蔵が、西南戦争で勲章を授与された自分の勲章も剝奪されるのではないかという危惧から、惹き起こしたという説さえあった。〝西郷星〟は、西郷の没後十年以上たっても、日本の近代に影を投げかけ続けていたのである。

岡本綺堂（おかもと・きどう）　一八七二〜一九三九
明治から昭和にかけての劇作家、時代小説家。東京・芝高輪に、旧幕府の御家人であった岡本敬之助の子として生まれる。父はのち、イギリス大使館勤務。東京府立第一中学校を卒業後、治二十三年（一八九〇）、「東京日日新聞」に入社し、さらに各新聞で劇評を行う。明治四十四年、戯曲『修禅寺物語』がヒットとなり、二代目市川左団次と手を組んだ、「新歌舞伎」として、『鳥辺山心中』『番町皿屋敷』などを世に出している。明治十六年からスタートした『半七捕物帳』シリーズが当たり、数々の時代小説を書いた。

西郷糸

薩摩おごじょの心意気

上野の西郷像の除幕式で口にした、なかば伝説化された一言。この言葉がどういう意図で発せられたのか、そもそも糸はこの言葉を発したのか。いまとなっては不明だが、西郷の妻は、素朴で真っ正直な、薩摩おごじょであったことだけは間違いない。

うちの人は、こんな人ではなかったのに。

（上野の西郷像除幕式での口伝を要約）

明治三十一年（一八九八）十二月十八日、上野で西郷銅像の除幕式が行われた。明治二十二年、大日本帝国憲法発布の大赦で、西郷から「逆徒」の汚名が解かれたのをきっかけに、旧友・吉井友実ら薩摩出身者が中心となって進められてきたものである。

この式典で西郷の後妻、糸は、

「うちの人は、こんな人ではなかった」

と独り言《ご》ちたという。実際の糸は薩摩弁まる出しで述べた、との表現が主流であるが、実はこの有名な話は、残念ながら典拠が不明であった。

さらなる裏話として、糸はつづけて「うちの人は侍であるから、こんな格好（着流し）で出歩いたりはしない」と述べたことになっている。すなわち、「こんな人ではない」とは、顔の話ではなく、その服装のことを指していたのだという。

こうした話は、近親者が伝えたものでもなければ、当時の新聞や雑誌等に載っていたものでもなかった。当然のことながら、西郷の弟、従道がその言葉を制止した話も、ソースがわからない。ただ、糸の性質を考えれば、もし除幕式に出席していたなら、このようなことを言いそうな女性ではあった。

明治十一年（一八七八）、三月のこと。もと島津久光の近習で、明治政府で紙幣局長であった得能良介が、人に託して西郷家に、七百円を香典として置いていった。糸はそれを喜ばず、永田熊吉に託して、東京まで返しに行かせていた。糸はそのおり、得能にあてて次のように書いていた。

「夫は戦死し、家屋道具類は皆焼失したゆえ、思し召しは重々かたじけなけれども、夫存命中に開墾したる土地もあり、差し向き暮らし方に差し支えることもなし。また後日にお願い申す筋もあらん」

私たち西郷家は、人に頼らず自立して生きていきますので、お構いなく、といいたいのだ。いまだ西郷の「賊徒」の汚名は雪《そそ》がれていなかったが、糸の言葉に、悲壮感はない。これこそ気丈な、薩摩おごじょであった。

西郷糸（さいごう・いと）　一八四三〜一九二二
西郷隆盛の後妻。イト、いと、以登、絲子とも。父は薩摩藩士・岩山八郎太（直温《なおあつ》）。岩山家は鹿児島城下の上町《かんまち》にあった。元治二年正月、西郷吉之助と結婚。寅太郎、午次郎、酉三の三男をもうけ、西郷の島女房・愛加那とのあいだにできた菊次郎、お菊も引き取った。明治六年（一八七六）、西郷が下野してからは鹿児島郡武村で生活する。晩年は、東京に進出した長男・寅太郎のもとに身を寄せ、牛込区（現・新宿区）の市谷加賀町にあった寅太郎の家で過ごした。

肥後直熊

西郷の肖像画を描いた人々

西郷の肖像は数多くあるが、彼に会ったことのある人物が描いたものは少ない。記憶を掘り起しながら、彼らは絵筆を重ねた。如何なる思いで、それらは描かれたのだろうか。

不肖直熊は、幸いにして武村（現・鹿児島市武町）の西郷宅の隣家に生まれ、いつも（西郷隆盛から）直坊、直坊と可愛がられていた。成人後は、西郷崇敬の念がますます強くなり、肖像を描くのを楽しみとしていた。はじめは、記憶によって大体を描きながら、子孫に伝えようと思い、人に見せることはなかった。ところが、私の先輩が知ることとなり、五十年祭にあたって公表することをすすめられた。そこで西郷菊次郎に相談したところ、菊次郎も公表に同意したので、直熊も決心した。

（肥後直熊の西郷隆盛肖像の由来書を現代文訳）

幕末の日本は、写真の黎明期であった。激動の時代を駆けた英傑にも、坂本龍馬、木戸孝允、大久保利通、新撰組の近藤勇や土方歳三など、初期の写真技術で写された人物が多い。が、西郷の写真は、一枚も残されなかった。理由は、彼が写真嫌いだったから、と一般には理解されている。

そのような西郷の風貌を、知る手掛かりとして貴重なのは、肖像画である。

西郷を描いたものとして、もっとも有名なのは、絵画ではなく銅像ではあるが、東京・上野の西郷隆盛像であろう。この銅像は高村光雲の作であり、対して西郷が連れている愛犬は、光雲の弟子で、陸軍軍馬局につとめた動物彫刻の第一人者・後藤貞行《ていこう》であった。

この西郷像、光雲がその風貌の手本としたのは、明治初期のお雇い外国人画家エドアルド・キヨッソーネの描いた肖像画である。明治八年（一八七五）に来日したキヨッソーネは、同十六年に、得能良介の依頼で、この肖像を製作している。最初期の、西郷像といってよいだろう。有名な話ではあるが、キヨッソーネは西郷に会ったことがなかった。西郷の顔を知らない、この外国人画家は、顔の上半分を弟の従道から、下半分を従弟の大山巖から採ってモデルにし、描いた。西郷を知る人は、彼の顔立ちによく似ている、と評したようだが。

一方、西郷に会ったことのある人物が描いた彼の肖像も、いくつか残されている。よく知られているのは、床次正精、石川静正、肥後直熊、服部英龍の作。庄内藩出身の石川を除けば、あとの三人は、いずれもが薩摩の出身である。一般には皆、西郷亡き後の明治二十年以降に、記憶をたよりとして描かれたものといわれている。が、少ないながら同時代とされるものもあった。服部英龍のそれである。山田尚二氏によれば、

「英龍はある時、日当山（国分の隣り）温泉で湯治している西郷をのぞき見して、スパイに間違われ捕えられたが、やがて事情がわかると、西郷は英龍を招き入れて肖像画を描かしたという」（『西郷隆盛全集』月報4「西郷の狩姿を描いた服部英龍」）

と述べている。もっとも山田氏は、「写真嫌いの西郷が、生前肖像画を描かしたとは考えられない」との考察も入れていた。

『日当山温泉南洲翁逸話』には、

「西郷先生宿舎の隣に住居した服部喜右衛門（画号英龍）は、先生に愛せられ、朝夕お側近くに接近したが、人物専門の画家で好きの道であり、先生の肖像を描かんものと意気ごんで、熱心に研究を重ね、朝夕面接の度毎にその容態を注視して、顔相肉付、耳目口鼻の形状、頭髪の生え際、眉毛の生え様等々、微細に描写して、似ていない点を訂正また訂正、十数回にわたり、ようやく画き終えた（後略）」

とあった。そして西郷が城山に没した後、西郷への感謝と近接の記念として、仕上げたのだ

という。

冒頭の肥後直熊は、より鮮明に「西郷のことを子孫に伝えるため」と述べている。すなわち、西南の役で叛乱を起した西郷を、ありのままの姿で後世に伝えたかったのであろう。

肥後直熊（ひご・なおくま）　生没年不詳

薩摩国鹿児島郡武村〈現・鹿児島市武町〉の生まれ。大正二年（一九一三）に徳冨蘆花夫妻が、武村の屋敷を訪ね、「松子刀自と、自然に不幸なその息《そく》と、書生の肥後君、ほか僕婢の淋しい生活である」と述べているから、西郷の没後も、西郷家に下宿していたことがわかる。

副島種臣

国家の多難、南洲を憶《おも》ふ

国家多難にして南洲を思う、と自らの詩で副島が嘆いたのは、日清戦争後の時代においてであった。彼が憂えていたのは、これから大陸でロシアとの衝突がさけらない局面で、西郷を欠いていることであった。

国家の多難、南洲を憶《おも》ふ。北塞の風雲、終古の愁《うれ》ひ。李郭嘗《りかくかつ》で明《あか》す一王の義。陳蕃《ちんばん》定めて本朝の為に謀る。憂ひを天上に遣《よこ》し、君志を悲しむ。重きを人間《じんかん》に置きて、若儔《ともがら》を慕ふ。拙子、如今《じょこん》、真に碌碌《ろくろく》とす。徒《いたずらに》不死と為して但《ただ》頭を掻く。

（佐々木哲太郎編『蒼海遺稿』明治三十八年　私家版）

冒頭の詩は、日清戦争後、日本がロシアの南下に戦々兢々としている時期に、副島種臣が詠

んだものである。蒼海《そうかい》とは、書家・詩人としての、副島の号であった。副島はこのとき、すでに官職を辞していたが、日本が国際社会の荒波へと乗り出していった明治初年に外務卿をつとめたのが、彼であった。その副島が、国家多難の次期に、亡き南洲＝西郷へと思いをはせている。

——明治の新政府は、その出発において何ら国に資源を持たず、産業を持だず、いきなりの開国となって、〝世界〟にほうり出されたに等しかった。そうした中にあって、「日本」の名誉を正々堂々と会議室で論じ、大国清のみならず、イギリスをも従わせた日本政府の要人が、肥前佐賀藩出身の副島種臣であった。

明治六年（一八七三）二月、特命全権大使として清国にのりこんだ副島は、親しく清帝に謁《えつ》して国書を奉ぜんとしたが、この頃、清国は外国の使節に対して総理衙門《そうりがもん》において、国書親受を行っていた。

「それはおかしい」

副島は遣唐使以来の国礼について、具体的に有識古事《ゆうそく》を一つ一つあげ、なぜそうしたのか、理を以て論じた。彼の漢学教養は、並みいる清廷の人々よりも高かったようだ。ついには論破され、反論できず、清朝は副島の主張の理に服して、紫光閣において帝みずから国書を受領することになった。

ところが当日、紫光閣に副島が入ると、どうしたことか英国公使がすでに来ていて、しかも上席を占めているではないか。副島は再び、周囲の清廷の人々を叱るように、

「今日の清帝の拝謁は、わが日本国の国書を親受いただくために、とくにこの場を開かれたものである。にもかかわらず、英国公使が上位を占めるのはおかしい。いわんや、卿《けい》は公使であり、私は特命全権大使である。すみやかに、席を次席に移されよ」

そういって、副島は清廷の役人に席を移させ、式典に入った。

「蒼海《そうかい》（副島の号）容貌魁偉《ようぼうかいい》、長髪を垂れ、美髯《びぜん》を撚《きん》し、威風凛然にして四辺を圧し、辞気共に励《はげ》し」（『偉人百話』）

新興の途上国にすぎない日本の代表として、副島は見事に大役をはたし、世界にその名を知られることとなった。では、なぜ、彼はこれだけのことがなしえたのか。すべてはその漢学教養にあった。清朝の廷臣よりも、彼のレベルの方が高かったのである。

このおり通訳官をつとめた鄭永寧《ていえいねい》は、その先祖が清国の人であり、清朝の機嫌をそこねないように、と気をつかって、語気を「萎靡《いび》」（弱めること。元気のないさま）にしたが、副島はそれをも横で聞いていて察知し、目を瞋《いか》らせて鄭をにらみつけた。鄭はその姿に、心から戦慄したという。

冒頭の漢詩は、西郷が城山の露と消えてから、三日と経たずして詠まれた。漢学の教養と、

南洲を喪った悲しみに満ち満ちている。

明治二十二年に大日本帝国憲法が公布されると、西郷に恩赦がくだる。それを機に、下野後の西郷から、鹿児島で教えをうけていた旧庄内藩士たちが、西郷から授かった教えを書物にしようと動き始める。

庄内藩元家老の菅実秀が中心となったものであったが、それが――のちの名著『南洲翁遺訓』の原型であった。この序文を、副島が書いている。彼の、西郷への思い入れが知れよう。

副島種臣（そえじま・たねおみ）一八二八～一九〇五）
幕末・明治時代の政治家。文政十一年九月九日生まれ。枝吉神陽の弟。肥前佐賀藩士。明治新政府の参与となり政体書の起草にかかわる。外務卿もつとめる。明治六年、征韓論をとなえて野にくだり民撰議院設立建白書に署名。のち枢密顧問官松方内閣内相を歴任。能書家。明治三十八年一月三十一日死去。七十八歳。初名は竜種。通称は次郎。号は蒼海《そうかい》。

新渡戸稲造

武士道の理想を体現した西郷

『武士道』を著して欧米に日本人の伝統的な文化的性質を紹介した新渡戸は、典型的な武士、武士道の信奉者であった、と西郷をみていた。

武士道が、いかなる高さの非闘争的非抵抗的なる柔和にまで能《よ》く達しえたるかは、その信奉者の言によって知られる。例えば、小河立所《りっしょ》の言に曰く、「人の誣《し》うるに逆わず、己が信ならざるを思え」と。また熊沢〔蕃山〕の言に曰く、「人は咎《とが》むとも咎めじ、人は怒るとも怒らじ、怒りと慾とを棄ててこそ常に心は楽しめ」と。今一つの例を、彼の高き額の上には「恥も坐するを恥ずる」西郷〔南洲〕から引用しよう、曰く「道は天地自然のものにして、人はこれを行なうものなれば、天を敬するを目的とす。天は人も我も同一に愛したもう故、我を愛する心をもって人を愛するなり。人を相手にせず、天を相手にせよ。

天を相手にして己れを尽し人を咎めず、我が誠の足らざるを尋ぬべし」と。

これらの言は吾人をしてキリスト教の教訓を想起せしめ、しかして実践道徳においては自然宗教もいかに深く啓示宗教に接近しうるかを吾人に示すものである。以上の言はただに言葉に述べられたるに止まらず、現実の行為に具体化せられた。

（新渡戸稲造著　矢内原忠雄訳『武士道』昭和十三年　岩波文庫）

明治十四年（一八八一）、札幌農学校（北海道大学農学部の前身）を卒業した旧南部藩士の子・新渡戸稲造《にとべいなぞう》は、開拓使御用掛《ごようがかり》（のちの北海道庁の職員）を経て、東京大学の英文科へ改めて進学した。英文科の教授・外山正一《とやままさかず》に「何をやりたいのですか」と問われた稲造は、

「太平洋のかけ橋になりたいと思います」

と答えている。つまり日本のことを海外に伝え、海外の国々のことを日本に伝えることだ、と彼はつけ加えたとか。稲造は養父と兄に借金し、ペンシルバニア州ミードビルのアレガニー大学、ついでボルチモアのジョンズ・ホプキンス大学へ留学した。

留学二年目、彼は母校・札幌農学校の助教授に任命され、留学費は官費となった。さらにはドイツ留学へ。明治二十年にドイツのボン大学へ留学した彼は、通算六年の海外生活を終えて帰国――札幌農学校で農政・植民・農業史・農業総論・経済などの学科を講義し、図書館長や

寮の舎監なども兼ねた。休日も自宅を解放し、北海道庁の技師としても活躍している。

まさに、八面六臂《はちめんろっぴ》の行動であったが、明治三十二年に農学博士の学位を授けられたころには、相当重症な神経病に陥り、転地静養が必要と診断された彼は、このときカリフォルニアにいた（三十八歳）。

——彼はここで、『Bushido The Soul of Japan』（『武士道』）を書く。

そもそもの動機は、約十年前にベルギーの法学の大家ド・ラヴレーと会ったおり、日本には宗教教育がない、と発言した稲造に、ラヴレーは驚嘆の声をあげ、

「では、どうやって道徳教育をしているのですか」

問われても、答えられなかった。

それを思い出して稲造は、『武士道』を書いた。その日本道徳の根源「道義観」に関する感慨は、おそらく当時（明治三十年代）の心あるすべての日本人に共通する心情でもあったろう。

フィラデルフィアの The Leeds and Biddle Company より出版されたこの著作は、日清戦争の直後であったことから、全米で異例のベストセラーとなった。アメリカのセオドア・ルーズベルト大統領はこの本を読んで感動し、数十冊を買い求めて友人や親戚に配り、陸軍士官学校、海軍兵学校の生徒にも推薦した。

のみならず、ドイツ語、フランス語、ポーランド語、ノルウェー語、ハンガリー語、ロシア

語、中国語にも翻訳され、日本人としてははじめて、外国人に読んでもらえる本となった。

稲造は世界的に有名な作家となったわけだ。もっとも、彼は武士というものを実体験としてはほとんど知らず、受けた海外の教育に比べれば、日本史の知識もさほどのものはなかった。現に津田左右吉《そうきち》は稲造の「武士道」はむしろ、「大和魂《やまとだましい》」のことであろうと、専門の立場から述べている。

しかし、世界の読者は歴史的な正確さをもとより期待していなかった。語学の才にめぐまれた稲造の記述はとても読みやすく、未知なる日本を知るガイドブックとしては申し分のない出来であったようだ。

冒頭、『武士道』からの一文では、西郷の『南洲翁遺訓』からの言葉と、キリスト教を結び付ける発言を行っている。

その後、彼は台湾総督府の技師に招聘《しょうへい》され、教育界では京都帝国大学教授、第一高等学校(東京大学教養部課程の前身)校長、東京帝国大学法学科大学教授、東京女子大学学長などを歴任。この間、明治四十四年に日米交換教授の任命を帯びて渡米もし、大正九年(一九二〇)には国際連盟事務局次長に就任している。軍国日本に歯止めをかけようとし、また昭和天皇からの要請もあって懸命に海外との修復に奔走していた。

新渡戸稲造（にとべ・いなぞう）　一八六二〜一九三三
明治から昭和前期にけての思想家、農政学者。南部藩士新渡戸十次郎の三男として盛岡に生まれる。祖父・伝は青森の三本木（十和田市）の開拓者として有名。明治四年（一八七一）、叔父・太田時敏の養子となり上京、同六年、東京外国語学校に入学。一年先輩に内村鑑三がいたが、病気で休学をしたため新渡戸と同級になる。十年には札幌農学校に入学（第二期生）。W・S・クラークの感化で、明治十一年、アメリカのメソジスト監督教会のハリスから、内村と一緒に受洗。明治十六年、東京帝国大学に入るも、私費で渡米し、ジョンズ・ホプキンス大学に入学。クェーカー教に入信。札幌農学校からドイツ留学を命ぜられ、三年間ボン・ベルリン・ハレの各大学で農政学を研究。帰国後、明治二十七年、札幌に遠友夜学校を設立。京都帝大、東京帝大の教授をへて大正七年、東京女子大学長となる。九年、国際連盟事務局次長。「太平洋の橋」になることをねがい、世界平和をとなえた。著作に『武士道』『修養』など。

徳富蘇峰

偉いから本当に偉いのである

歴史上からみて割引をしても、偉いから本当に偉い——その実は、時と場所、人という三つこそ、翁の持っていた最も大なるものであったと、蘇峰は西郷を分析する。

南洲翁の本領

成る程南洲翁は偉い。併《しか》しながら歴史上から之を見れば、余程偉くても割引をしなければなりませぬ。割引をしても偉いから本当に偉いのである。割引せずに偉いのは、全く風袋である。それで私の話は、西郷南洲なるものの風袋を悉く取除けて、之を真裸体にする。即ち恰《あたか》も徴兵検査の時に、検査官が壮丁を裸体にして見る如く、私は失礼ながら南洲翁を裸体にして見たいと思ふ。『お前は何の権威を以てさう云ふことをされるか』と御訊問になったならば、私は只《ただ》一言、歴史家としてさうするのであると、お答《こたえ》するより外にはないのであります。

歴史上の観察点から西郷南洲翁を見ますと、偉いは偉い。併しながら南洲翁は偉い事をするやうな時を得てゐる。又偉い事をするやうな場所を得てゐる。又偉い事をするやうな人を得てゐる。此の時と此の場所、此の人と云ふ三つは、確に南洲翁の持ってゐる最も大なるものであって、先づ此三つを割引して見なければ、本当の南洲翁の価値は分らない。

『国民之友』を創刊し、明治二十年代の言論界をリードした、〝平民主義〟の徳富蘇峰(猪一郎)は、三国干渉を聞くや呆然自失。ひとたび醒めるや激しい怒りを表明した。日清戦争をつうじて「力」＝軍事力の信奉者となった蘇峰は、伊藤博文や山縣有朋らを攻撃し、一方で川上操六、小村寿太郎、陸奥宗光らを絶賛した。蘇峰にかかれば、伊藤や山縣は「天保の老人」であり、川上や小村、陸奥らは「明治の青年」ということになるらしい。

挙句の果てが、次のような論調となった。

内村が三国干渉に不吉な日本の将来を予感しているとき、蘇峰は「明治の青年」に接近、それぞれと肝胆相照らす仲となって、のちの日露戦争においては、『国民新聞』紙上をつかい、政府と歩調をあわせた「言論統一」に尽力することとなる。

日露戦争がやがてもたらす、〝軍国主義日本〟の姿を、蘇峰は皆目、理解していなかった。無理もなかったかもしれない。口に「平民主義」を説きつつも、権力や体制に対して自立する平民の姿を、とらえきれなかった蘇峰には、少しばかり問題が大き過ぎたのかもしれない。
西郷に関しては、どうであったろうか。彼自身も冒頭の文で、「余程偉くても割引をしなければなりませぬ。割引をしても偉いから本当に偉い」と述べている。行き過ぎた弁論や訂正が多いのも、彼の特徴であった。

徳富蘇峰（とくとみ・そほう）　一八六三〜一九五七
明治から昭和にかけてのジャーナリスト、評論家。肥後国上益城郡杉堂村（熊本県上益城郡益城町）の矢島家に徳富家の第五子、長男として生まれる本名は猪一郎。徳富家は肥後藩の一領一疋の郷士。父一敬（淇水を号す）は横井小楠門下四天王の一人、肥後実学党の中枢として藩政改革、維新後は初期県政にたずさわる。蘆花健次郎は五歳下の弟。明治五年（一八七二）、熊本洋学校に入学したが、年少のため退学させられ、同八年九月に再入学。明治九年一月、キリスト教への入信決意を表明した花岡山奉教趣意書に署名し、熊本バンドに加わった。東京英語学校をへて、同志社英学校に転入学。新島襄から洗礼をうけた。洗礼名は掃留（ソウル）。明治十三年、卒業目前に中途退学して上京、同十九年、論文「将来之日本」で文名をあげる。明治二十年、民友社を創立、「国民之友」

「国民新聞」を創刊し、平民主義を主張。日清戦争を機に、国家主義に傾く。第二次大戦中は大日本言論報国会会長。昭和十八年、文化勲章をうけるが、同二十一年に返上した。

池辺三山

天下の重きを担うだけの資格がある人

「東京朝日新聞」を躍進させた新聞人・池辺は、薩軍に属した熊本藩士の父をもち、西郷は、ただの軍人ではなく、天下の重きを一身に荷うだけの資格が十分ある、と称賛する。

西郷という人はなかなかエライ。滅法界勇気の強い人だ。ほとんど天成の大勇だ。知恵もあったし、また行き届いて情に篤い人であって、仁愛というような要素もよほど備わった人だ。しかしその根本は勇気というものが際立って働いたように見える人だ。……軍人一点張り、勇気一点張りの男でない。雄材大略、天下の重きを一身に荷うだけの資格が十分ある。

（「大久保利通論」『明治維新三大政治家』昭和五十年　中公文庫）

「大久保という人は徹頭徹尾政治家である、一大政治家である。（中略）あの維新の変乱に際して最も多く力を振うたもの、また維新の原動力として働いたものは言うまでもなく兵力である。それが一つのレボリュウションを仕遂げたのだ。（中略）つまるところ暴力である、兵力である。もちろんこれでなくてはレボリュウションは出来ぬ。結局その暴力兵力の代表者として西郷はあんなに大きくなった。そのころの何人でもこの力を度外視するわけには行かぬ。（中略）驚くべきことは、大久保という人は、若いうちから政治の上に心を用いておったこと、力を用いておったことだ。若いうちからことごとく実行だ。無論二十代からだ。御維新の時は確か37か8であったでしょうが、それより十年も、もそっと前から政治上の運動をやり出した。その相棒は西郷であった。西郷は徹頭徹尾軍人だが、決してただの軍人ではない、時としては大久保も及ばぬ一種の政治家だ。その西郷と同町内に生れて竹馬の友である。子供のうちから議論もしたろうし、喧嘩もしたろうし、また一緒に飲み食いもし、泣きもし笑いもしたに違いない」

「（彼らの敬愛する君主・島津斉彬の突然の死に、西郷は）非常に落胆している。ところで、早速にここで大久保の特性が現われていることがある。大久保は失望していない。失望はもちろんしたろうがガッカリしていない。これがあの人の一生を通じての著しい特徴だ。いくらグリハマになっても、そのためにガッカリして頓挫するようなことがない。もうどんなことがあっても、何とか盛り返して来て、その時分に最善と思わるる手段をもって、着々事実の上にそれを仕遂げて行く」

「仮りに文久の初年から大久保が政治家を始めたとすれば、明治十一年に死ぬまで前後十八年の間、傍目をふらずやり続けた。それがいつもいつも実行ばかり。勢いを得ていると得ておらぬとを問わない。どんな変化に出会っても、どんな困難の場合にも、その時に最善と信ずる手段をもって必ず実行している。（中略）その時分の交友とか藩公とかの説で、最善と思うものを深思熟慮の上でこれを執って、従って堅くそれを守るという、執着力の強い性質である。（中略）政治家以上で、帝王流だ」「西郷という人はなかなかエライ。滅法界勇気の強い人だ。ほとんど天成の大勇だ。知恵もあったし、また行き届いて情に篤い人であって、仁愛というような要素もよほど備わった人だ。しかしその根本は勇気というものが際立って働いたように見える人だ。（中略）軍人一点張り、勇気一点張りの男でない。雄材大略、天下の重きを一身に荷うだけの資格が十分ある」

「中央集権ということは大久保の頭を離れない大問題だ。それもそのはずで、いかに維新といっても王政復古といっても、また藩籍は奉還したといっても、諸侯はまだそのままソックリ藩知事で依然としている。中央はどうも薄弱である」

「（三条実美の大病を受けて）大久保はすぐに手を出して、三条内閣即ち西郷内閣を覆して、岩倉内閣即ち大久保内閣を造った。その迅速さがまた目にも留らぬ。実に際鋭い。どんな場合にもその性を失わないで、自分でその機にまた政権の中心点を造り立てる。これが大久保の特性で特色でしょう」

「私どもも明治十年前後に、大久保は奸物だ、岩倉は大奸物だなどと、子供ながら聞いて覚えてます」

池辺三山は熊本の人で本名吉太郎。父の吉十郎は西南戦争で熊本隊を率いて西郷軍に参加、戦後処刑された。吉太郎はジャーナリストとして活躍、「東京朝日新聞」を退社した翌年、死去した。「大久保利通論」は『中央公論』明治四十四年九月号に発表したもので、別に「西郷論」を発表するつもりであったが。その実現をみないうちに急死したという。

池辺三山（いけべ・さんざん）一八六四〜一九一二
字は任道、諱は重遠、通称吉太郎。元治元年（一八六四）二月五日、熊本京町に生まれた。池辺家は代々熊本藩主細川家に仕え、父・吉十郎は、玉名郡代・少参事などを経て熊本在横島村で私塾を開き、子弟を教育したが、西南戦争の時、熊本隊を率いて西郷軍を援け、長崎で斬罪に処せられた。三山はその長子、家学の教えを受け、父の死後、国友古照軒の塾に入り、明治十四年（一八八一）上京。中村敬宇の同人社を経て慶応義塾に入ったが、十六年退学。二十五年五月旧藩主世子細川護成の輔導役としてパリに赴き、欧州から観た日清戦争の外交批判「巴里通信」を『日本』に寄せて文名を揚げた。二十八年十一月帰国、二十九年十二月『大阪朝日新聞』に主筆として入社、三十年十二月『東京朝日新聞』の主筆兼務となって上京、のち『東朝』専任となり、紙面の刷新に努力した。ことに日露戦争に際しての論陣目覚しく、声価を高めるとともに、二葉亭四迷・夏目漱石らに多くの名篇を残させた功績は大きい。四十四年九月客員に退き、『中央公論』に維新政治家の人物評論を発表中、四十五年二月二十八日心臓病のため急死。享年四十九。

北一輝

維新革命の心的体現者

西南戦争以降の日本は、革命の建設ではなく、復路の背進的逆転だ、と痛烈に批判した右翼思想家は、西郷を維新革命の心的体現者だと絶賛する。

維新革命の心的体現者

今の元老（一世紀前の此書なるが故に礼を厚ふして指名した人々）及び死去せる元老なる者等が維新革命の心的体現者大西郷を群がり殺して以来、則ち明治十年以後の日本は聊《いささ》かも革命の建設ではなく、復路の背進的逆転である。現代日本の何処に維新革命の魂と制度とを見ることが出来るか。押される者の押し返へさんとする物理的原則、――封建時代への反動的要求を挾んで、是亦反動時代であった英仏独露の制度を輸入せる――朽根に腐木を接いだ東西混淆の中世的国家が現代日本である。屍骸には蛆《うじ》が湧く。維新革命の屍骸から湧いてムクくと肥った蛆が所謂元老なる者と然り而して現代日本の制度である。維新革命の奈翁（ナポレオン）皇帝の内容に大西郷と其の他の二三子の魂が躍々充塞して居た時代と、伊藤山県等の成金大名（権助ベク内から成り上った）の輩が光輝を蔽ってしまった時代との差別さへ附かない現代日本だ。

（「支那革命外史序」『北一輝著作集　第二巻』昭和三十四年　みすず書房）

明治四十四年（一九一一）十月三十一、北一輝は、黒龍会派遣の特派員第一号として上海へ到着していた。

のちに二・二六事件の思想的首謀者として、軍法会議にかけられ、死刑の判決をうけ、銃殺となった北は、もとは新潟県の酒造業・海産物を扱う問屋の長男として、明治十六年（一八八三）四月に生まれ、裕福な家庭で育っていた。日露戦争前後から、帝国主義を歴史の必然と捉え、国家主義思想家として、一部に知られるようになった。

北のおもしろいところは、一方で社会主義にも強い関心を寄せ、万世一系の皇統を否定する立場に、自ら立ったことがある点であろう。こうした点は、西郷との共通するものを思わせる。

明治三十七年――、まさに日露戦争の最中、上京している。幸徳秋水らの社会主義者とも接触したが、いつしか比重は大陸浪人らの結社に移り、革命評論社、中国革命同盟会＝黒龍会に活動の場を見い出すようになる。

その黒龍会の一員として、辛亥革命のおり中国へ渡ったのであった。

北の西郷への思い、そして西郷を葬った明治政府の元勲たちへの怨念は、冒頭の文章に痛烈に、表現されている。彼にとって、大久保、木戸ら明治の元勲は、「維新革命の心的体現者大西郷を群がり殺し」た、維新から幕藩体制の身分制時代へと「背進」させる、牽引者であった。

この文章が書かれたのは、大正四年（一九一五）から、翌大正五年にかけてであったが、大久保、木戸のあとを受けた伊藤博文や山縣有朋などは、「成金大名」とまで言われ、大正の世でさえ、彼らの活躍していた時代と同じだ、と息まいている。

そして、西郷が起こした西南戦争は、明治維新からみて、征韓論争をきっかけにした「第二革命」であったが、その西郷を死に追いやった元勲たちは、西郷というカエサルを、裏切りによって暗殺せしめたブルータスだ、と罵っているのである。

これは明らかに、維新以来つづいてきた薩長藩閥政治に対する、挑戦であった。

北一輝（きた・いっき）　一八八三～一九三七
戦前右翼の理論的指導者であった北一輝は、中国革命同盟会に加わり、宋教仁と結んで軍事革命に努力。大正八年（一九一九）大川周明らと猶存社を結成し、ファシズム運動を進める。昭和十一年（一九三六）の二・二六事件に連座して、皇道派の青年将校とともに死刑に処せられた。著書に『支那革命外史』『日本改造法案大綱』などがある。

ハーバート・ノーマン

近代化の視点から西郷を読み解く

一八八七年の西郷による薩摩暴動（西南戦争）は、武士階級全体の懐古の情を体現したものであり、かつ彼ら武士が、農民を主体とした近代の軍隊に取ってかわられたことを、徹底的に証明した。

西郷は武士階級全般の、また特に薩摩武士の、このような封建的な懐旧の情を最も完全に体現していた。旧薩摩藩主で西郷の主君であった島津久光は、頑固一徹の保守主義者であったので、当時の改革や刷新には不満を抱くようになっていた。（中略）とりわけ兵制の改革は、この二人の執拗な反動家の心に深い傷を与へた。薩摩暴動の一記録者の言葉を籍りれば「主戦派の反対にも拘らず大久保によって強く提唱せられ、最近政府によって実施せられた今一つの法令は、島津・西郷にとっては特に厭わしいものであったので、この時期におけるかれらの行動に大きな影響を与えた。その法令とは徴兵令であった。この法令は人口中の全階級の成年男子をして強制的に陸軍または海軍に服務せしめ……従って事実上すべての武士の武装解除を結果するところの法令であった。

（E・H・ノーマン著　陸井三郎訳『日本における兵士と農民』昭和二十二年　白日書院）

明治維新において、日本には徴兵制による、国民軍が創設された。

明治四年（一八七一）に制定された戸籍法にもとづき、翌五年にいわゆる「壬申《じんしん》戸籍」が作成され、武士身分出身の士族だけではなく、農工商の身分に属していた人たちからも、兵隊を取ることが可能になったのである。

明治六年の徴兵令では、政府の指定した県に、合計三千二百七十二名の徴兵が命じられている。こうした動きを受けて誕生したばかりの国民軍は、日本の人口比率からいって、農民を中心としたものであった。これは事実上、鎌倉幕府以来、七百年にわたって日本を支配してきた武士という身分を、解体するものであった。が、この軍制改革に対しては、士族階級から激しい反発のエネルギーを爆発させている。

日本生まれのカナダ人歴史研究家ハーバート・ノーマンは、日本についての豊富な知識と、外国人としての客観的な洞察で、明治維新から西南戦争にかけての西郷の動きを分析していた。

ノーマンは明治政府の軍隊を、「農民層から採られたこの若き徴兵軍隊（新政府軍＝官軍のこと）」と表現している。事実、農民中心の「官軍」は、当初、西郷の主宰した私学校出身の、薩軍精兵と互角に戦えるのだろうか、という懸念があった。ノーマンは、「その歴史の甚だ初期において早くも火の洗礼を受けねばならなかった」と比喩しているとおり、その試練は過酷なものであったといえるだろう。しかし結果は、

「最も野蕃で向う見ずな戦士として封建日本に名の聞えていた薩摩武士は、怖るべき人物西郷隆盛の指揮下に戦ったけれども決定的に追い散らされた」（前掲書）

西南戦争は、「新政府に対する封建的反動派の最後の絶望的突撃であったと同時に、また新編徴兵制軍隊に最初の試錬を与えた」（前掲書）が、若き国民軍は、その役割を何とか、果すことができたのである。

ノーマンは、西南戦争勃発の原因を、客観的な視点からみていた。

「薩摩においては当時、その人口中に占める武士の比率が異常に高かった。（中略）中央政府に対する叛乱に際して西郷の軍は殆んど全く武士を以て編成せられ、私学校関係者は将校として活動した。

（中略）この暴動の結果は、山縣（有朋）と大久保（利通）の見解の正しさを徹底的に証明した。両人は徴兵軍隊をば、西郷の好む職業的精鋭軍隊より遙かに実践的且つ有力であると考え

ていたが、事実、後者は、一八七七年〔明治十年〕の宮之城、延岡、城山の死闘において敗北を喫したのである」（前掲書）

ノーマンは、西郷が徴兵制を特に厭わしいものと考えていたと解説し、それが彼の、この時期におけるかれらの行動に大きな影響を与えたと述べている。しかし、西郷は徴兵制自体を否定してはおらず、この制度を必要性を主張した山縣有朋を、反対派の桐野利秋などから擁護している。西郷が問題としたのは、それによって失職する士族階級の処遇と、その傷ついた尊厳のやり処であった。

ノーマンの意見は、明治初期の不平武士による叛乱の原因と、その敗北について、一般的な評価を形づくった。明治十年以降、旧士族階級は、明治政府の中核となっていくが、彼はそのことをも、冷静に分析している。

西南戦争以降は、彼のいうとおり「政府を顚覆しようとする反動分子の武装蜂起」は鎮火され、むしろ旧士族階級は政府内部において、あるいは自由民権運動などにおいて、その活躍の場を求めることになる。

明治維新は、士族階級を中心として達成されたものであったが、いつしかそれも、近代国家の中に吸収され、長らく忘れられていくことになるのである。

ハーバート・ノーマン（Herbert Norman）　一九〇九〜一九五七

カナダの日本研究者、外交官。長野市在住の著名な宣教師ダニエルの子として明治四十二年（一九〇九）九月一日、軽井沢に生まれる。神戸のカナダ学院を卒業後、トロント大学で古典学を、ケンブリッジ大学で欧州中世史を学ぶ。その後、米国のハーバート・コロンビア両大学で日本史を研究し、太平洋問題調査会の事業にも参画する。カナダ外務省に勤め、駐日公使館の語学官となるが、日米開戦に伴い帰国する。昭和二十年（一九四五）日本の敗戦直後に在日連合国最高司令部対敵諜報部の課長、同二十一年、極東委員会のカナダ次席代表、ついで駐日カナダ代表部首席となり、日本の民主化に尽力。昭和二十五年、マッカーシー旋風の余波をうけ、カナダに召喚されて国家警察の審問をうける。駐エジプト大使在任中の五七年四月四日にカイロで自殺した。著作に、『ハーバート・ノーマン全集』全四巻。

安岡正篤

陽明学と知行合一の思想

大正・昭和にかけて影響力を持ち、戦後も多くの政財界人に信奉された陽明学者、安岡正篤は、西郷の思想に単純さと、それゆえの王道をいく日本人の基本姿勢を読み取った。

西郷南洲の政治思想を研究してみることは、恰《あたか》も野に語る真人に接するような純な快さや健やかな力を心神に感ずるのである。彼によって我々は眼前に蠢動する政客や学匠を高く調節して万世の為に太平を開く工夫努力を教えられる。（中略）題して西郷南洲の政治思想というも、彼の思想は単純である。彼の言葉は易簡である。然しながらその単純易簡は実に大道の直接なる躍動である。あらゆる思想学問を育む最も親愛な母の姿である。尊い親の懐を去って世間に荒び果てた放浪児の群れにもひとしい当世流の思想言論界にこの単純易簡を味うは実は不尽の理趣があるからではないか。

（『改訂増補　日本精神の研究』より「西郷南洲の政治思想について」　一九七二年　玄黄社）

戦前、戦後の陽明学者で、しばしば国家主義者と評される安岡正篤は、思想的系統において、西郷とつながっていた。これは西郷から、国家主義団体・玄洋社の頭山満へ、さらに日本人初のヨガ行者といわれる中村天風へとつながっていく流れと、無縁ではない。

西郷は若い頃、朱子学の書『近思録』を読むグループに属していたことから、朱子学にも傾倒していたことがわかるが、また幕末の陽明学的思想家・佐藤一斎の『言志四録』も愛読し、伊藤茂右衛門や春日潜庵からあ陽明学をも学び、さらには陽明学者の大塩平八郎を尊敬していた。

安岡が陽明学者であることはもちろんだが、西郷の孫弟子ともいうべき天風も、陽明学の「知行合一《ちこうごういつ》」そのまま、実践主義の人であった。

安岡は、維新の英傑をして西郷隆盛を「君子」タイプに、大久保利通や勝海舟を「偉大なる小人」に分類している（『東洋思想十講』）。

世俗の人には「徳が才よりもいくらか優れている人」と、「才が徳よりもいくらか優れている人」とがあり、これを東洋思想の世界では「君子・小人の弁」という。そして前者を君子、後者を小人と呼ぶ、と安岡は解説している。また、人間は「知能」と「情操」という二つの相対的要素を持っているが、これを君子・小人に当てはめると、やや「情」の勝《まさ》った人のほうが君子、「知」や「技」の勝った人のほうが小人だ、とも述べていた。

この二者を比べれば、「知」の人は、人との関係においてうまくゆかなかったり、嫌われたりするが、「情」の人は反対に人から好かれるのだ、と安岡はいう。

そして彼は、「情の人も、あまり情に溺れると社会生活に破れ」るが、人間としては知の人よりもこの方がよいとしていた。これをよし、とするのが安岡の考えであるが、西郷をこの類型にあてはまれば、まさに西郷は、西南戦争で「情」にもとづいて行動し、社会生活に破れた、といえた。そして事実、西郷は戦《いくさ》に敗れたが、今日に至るまで、人に愛されつづけている。

幕末に活躍し、江戸無血開城によって、明治の時代を到来させた西郷、勝海舟という二人、さらに大久保利通ら英傑を比較した安岡は、そのいずれをも否定してはいないが、人物としては西郷を最も評価していた。

安岡正篤（やすおか・まさひろ）　一八九八～一九八三
大正・昭和の思想家、陽明学者。大阪出身。東京帝大卒。昭和二年、金鶏学院を創立。七年、同学院を母体に国維会が結成され、新官僚に影響をあたえる。終戦時の「玉音放送」原稿の添削をした。二十四年、全国師友協会を設立、歴代首相、政財官界首脳に信奉された。著作に『王陽明研究』『日本精神の研究』など。

新村出

敬天愛人と戦後民主主義

マッカーサー元帥を西郷の江戸無血開城になぞらえ、称賛した国語学者の評価は、太平洋戦争による日本の知識人の挫折の深刻さを、如実に物語っている。

南洲海舟の二偉人を欽慕したところから、私はいつもマ元帥（マッカーサー元帥）をとりわけ南洲先生と連想するのを常とする。それは、緒戦時代にマニラに飛んでいってマッカーサー将軍の為人を観察して帰って来てから以後二度までそれを報道し又放送した木村毅さんの両雄の対比論などに示唆された結果かも知れぬ。爾来私はマ元帥が日本を統督し指導するやうになって以来、何度となく南洲と対比して、我邦の降伏後とかく危惧した人々に向って、江戸城明渡しのときの海舟や鉄舟を想起せしむる人物が一向見当らぬのに対して、今大度なるマ元帥の存在を称揚しておかなかった。或は私の先入主たる謬見であるとすればともかく、必ずや内外の達者はうなづいてくれると思ふ。敬天の信念なかりし首相・愛人の慈仁を欲いてゐるであらうか。いつも自問自答して止まない。（二月二十三日）

（『童心録』「南洲とマ元帥」靖文社　昭和二十一年）

新村出《しんむらいずる》（「にいむら」の読みは誤り）といえば、『広辞苑』の編者として知られている。初版においては、編纂のみならず著者も務めた。その名前は誰しも目にしていようが、果して経歴を知る人は、存外、少ないのではあるまいか。

新村は旧幕臣の裔《すえ》である。その父・関口隆吉《たかよし》は幕臣の出ながら（出は次男）、新村が生まれた明治九年（一九七六）には山口県令を務めていた。隆吉は維新のおり、江戸開城に立ち会い、前将軍徳川慶喜が駿府（現・静岡県静岡市）へ遷る際の実務を担当するなど、幕府倒壊後の処理に尽力した人物であった。

新村が冒頭の一文で「南洲海舟の二偉人を欽慕」と書いたのには、父と勝海舟の縁が影響している。幕末、隆吉は勤勉な漢学の徒であった。その影響か、熱烈な尊王攘夷派でもあったらしい。

慶応三年（一八六七）のことという。海舟が馬上、九段坂上をいくのに遭遇した隆吉は、「腕に刀剣の覚えがあるを自信し、いきなり海舟に斬りつけた所、さいわいにも馬おどろき躍

進して乗者は逃れ去って、刀先は、海舟の鐙《あぶみ》に当たっただけだった」（『新村出全集第十四巻』「忘るな草」　筑摩書房）

海舟が開国派として知られていたために、彼を襲った新村の父・隆吉ではあったが、その後、海舟の寛容さに打たれた隆吉は、親交を重ねた。

父との縁が、海舟と新村とを結びつけた。新村は生涯に複数回、海舟と会っている。そのころ、父・隆吉は初代静岡県知事を最後に事故死しており（明治二十二年五月十七日）、新村は徳川慶喜の家扶《かふ》（家令補佐）・新村猛雄へ養子入りしていた。新村と海舟との関係は、父のそれのように〝親交〟と呼べるものではなかったが、新村に与えた影響は大きかったようだ。

彼は父と海舟との邂逅のエピソードについて、前出の随筆「忘るな草」で、こう書き残している。

「もしもこのテロ行為が成功したならば、西郷南洲（隆盛）と勝海舟との会見や、対応はできなくなったわけで、江戸の安否は如何になったものか、と私達は憂慮を禁じ得ないわけだ」

新村が生まれたのは明治十年に勃発した西南戦争の一年前であるから、生前の西郷南洲を知るはずもない。ここで海舟と共に西郷を引き合いに出した新村は、この両雄に対して同質の、深い敬慕の念を抱いていたようだ。無論、この影響は海舟から敷衍されたものであろう。

「先づ愛民だと、戦時の物足らなさ、心足らなささを歎じつつあったころ、ふと南洲先生の敬天愛人といふ語を思ひ出さざるを得なかった。先生の全人格を敬慕する自分たちは、この敬天と愛人との二句を回顧することに今の民主主義者に対しても、この二句を拳々服膺、いな実践《じっせん》躬行《きゅうこう》してもらひたくてたまらない。」（『童心録』「敬天愛人」）

先の敗戦は、日本の知識人に限りない挫折感・喪失感を与えた。戦争の大きな暴力の前には、〝知〟が如何に無力であるかことを、新村に限らず多くの文化人が痛感していたことであろう。

掲出の『童心録』は、終戦の年である昭和二十年（一九四五）に、数え七十歳となり古希を迎えた彼が、喜寿にむけて七十七回の随想録を書くつもりで始まったものと伝わる。本編七十八に、余録二十二本を加えて刊行されたのは翌昭和二十一年。ＧＨＱ（連合国最高司令官総司令部）の管理下にあった日本は、国民の多くが独立を希求する一方で、貧しき中にも平和のありがたさを噛みしめていた時期であったろう。

連合国軍最高司令官を務め、占領下の日本で〝民主化〟の指揮をとったダグラス・マッカーサー（アメリカ陸軍元帥）については、戦後七十年をへた今日、背景にさまざまの思惑があったことがわかっている。

それを知る私たちの目を通すと、冒頭に掲げた新村のマッカーサー評は、違和感を覚える向きもあろう。が、戦後まもない当時の新村からすれば、進駐軍によって無慈悲に蹂躙されてもおかしくない状況のなか、日本国民を、まがりなりにも民主的に扱ったマッカーサーに対して、戊辰戦争下、江戸総攻撃の中止を英断した西郷と重ね合わせたくなったのも、無理なしと考えるべきかもしれない。

戦後の焦土を眺めながら、マッカーサーの姿と比較しながら、新村の中の西郷は、さらに大きさを増していったに違いあるまい。

しかし、慶応四年（一八六八）四月十一日の、江戸無血開城から七十年余をへた二十世紀半ば、太平洋戦争終了直後の日本は、それまでに六十余の都市を徹底的に爆撃されていた。原爆しかりである。維新の江戸においても、同年五月十五日に行われた上野戦争などで、局地的に人の血は流れたが、庶民の犠牲者はほとんどなかった。

両者の実態を比較すれば、新村の連想は書生じみた純粋さを覗かせている、といえなくもない。いずれにせよ、尊攘志士の息子がアメリカ型民主主義を礼賛するとなれば、時代の流れを強く感じずにはおれなかった。

『広辞苑』の初版が岩波書店から刊行されたのは、サンフランシスコ講和条約の発効（昭和二十七年四月二十八日）によってＧＨＱが廃止され、日本が独立を回復した三年後——昭和三十年のことであった。

新村出（しんむら・いずる）　一八七六〜一九六七

明治末期から昭和にかけての言語学者・国語学者。明治九年（一八七六）十月四日、旧幕臣で当時、明治政府の山口県令をつとめていた関口隆吉《たかよし》の次男として、山口県に生まれる。明治二十二年、父の死をうけて徳川慶喜家扶《かふ》の新村猛雄へ養子に入る。明治三十二年の東京帝国大学を卒業し、東京高等師範学校教授、東京帝国大学文科大学助教授兼任をへて、同四十年より二年間、京都帝国大学文科大学助教授として、言語学研究のためイギリス・フランス・ドイツへ留学。帰国後の明治四十二年、京都帝国大学教授に就任し、上田万年《かずとし》とともに西洋言語学の理論を導入。日本の言語学・国語学の基礎をきずいた。『広辞苑』の編纂で知られるが、キリシタン文献の考証でも業績をのこし、昭和三十一年には文化勲章を受章した。昭和四十二年八月十七日、九十歳で死去した。

諸橋轍次

〈行くに径《こみち》に由らざる〉教え

『大漢和辞典』を成立させ、日本の漢字・漢学教育に普及の偉業を成した諸橋は、近道を通るな、との信条を『南洲翁遺訓』から教えられていた

世間にはよく、正直者はバカを見る、などといって、機変策略に憂き身をやつす者があるが、長い人生、果たしてやり通せるであろうか。維新の英傑、西郷南洲の「南洲翁遺訓」の中に、正道を踏まず策謀を用うるの弊を論じて〈作略ノ煩《わずら》ヒ屹《きっ》度生ジ、事必ズ敗ルルモノゾ〉という一句があった。少年時代一読したのであるが、いまなおその成句が頭に浮かんで来る。これも〈行くに径《こみち》に由らざる〉教えである。老子も同じ〈大道は甚だ夷《たいら》かなり、而るに民は径《こみち》を好む〉とといましめている。出来ないながらも私はこれらの教訓に終始したいと志している。

（毎日新聞　昭和四十一年三月六日付「勇気あることば」より）

「漢字・漢語の研究なくして東洋文化の研究はありえない（中略）。中国に『康熙字典《こうき》』『佩文《はいぶん》韻府《いんぷ》』などの大辞典があるにはあるが、語彙が少なかったり解釈が不十分だったり（後略）」（『大漢和辞典』「序」より、筆者抜粋）。

東京高等師範学校を卒業後、同校の漢学教員として奉職した諸橋は、中国への留学中、漢字発祥の地で学びながらも、中身の充実した大辞典の必要性を痛感していた。

帰国して静嘉堂の文庫長となった彼は、昭和二年（一九二七）、大修館書店の社長・鈴木一平に請われ、漢和辞典の編纂に着手する。

それから十六年の時をへて、昭和十八年、第一巻が刊行された『大漢和辞典』は、最終的に全一万五千ページの大事業となった。時代は太平洋戦争が敗色を見せはじめた時期で、当時、紙は軍部統制品。出版元である大修館書店も、紙の工面には相当の苦労を要した。

その努力もむなしく、昭和二十年二月、東京大空襲によって、版とすべての資料が灰となる。その折り、諸橋は右目を失明、左目もやっと明暗がわかる程度の状態となっていた。

八月十五日、日本は終戦を迎えた。原版は焼け落ち、活字はもとに戻らないが、『大漢和辞典』は、幸いゲラ刷りが三部残っていた。写真植字（写植）を発明した石井茂吉が、独力で五万字におよぶ写真植字を完成した。

企画が開始されてから三十二年余、昭和三十五年に、『大漢和辞典』はついに全十三巻が出揃う。それが世界的偉業であることは、疑いの余地がなかろう。

しかし諸橋は、『大漢和辞典』完成直後からすでに、「オックスフォード辞典も（中略）百年の歳月を要して後人が補修している」と、その修訂を切望していた。諸橋の後輩にあたる鎌田正《ただし》・日本文理大学教授や、諸橋のあとを受けて静嘉堂文庫長となった米山寅太郎《よねやまとらたろう》がその委嘱を受けたが、遠大な原典確認の作業をへて、修訂版が刊行されたのは諸橋が没して後の、昭和六十一年だった。さらに平成二年（一九九〇）には、「語彙索引」として第十四巻、同十二年には「補巻」として第十五巻が出されている。

諸橋の熱意……というよりは執念が、この大事業を死後、完成せしめたといえよう。

その諸橋が、『南洲翁遺訓』を引用しながら自らの人生観を述べたのが、冒頭の文であった。「作略ノ煩《わずら》ヒ屹度《きっと》生ジ、事必ズ敗ルルモノゾ」を引いた諸橋の意図は、その生涯を賭した『大漢和辞典』の事業に明らかである。世間には面倒を厭《いと》って近道に走る人も多いが、愚直に、ひたすら王道、正道を進むことこそが、自らの目的を達成させる唯一の方法だ、と彼は強調したかったのだろう。

彼の眼をとおしてみた西郷は、目的のために正道をひた歩む姿として、映っていたのだろうか。

諸橋は『大漢和辞典』の功績により昭和四十年（一九六五）、文化勲章を受章、昭和五十一年には、勲一等瑞宝章を受章している。

昭和五十七年十一月に、『大漢和辞典』の縮小版である『広漢和辞典』（大修館書店）も刊行し、この年の十二月八日、九十九歳で大往生した。

諸橋轍次（もろはし・てつじ）一八八三〜一九八二

漢学者。明治十六年（一八八三）六月四日、新潟県南蒲原郡下田村（現・三条市）生まれ。明治四十年（一九〇八）、東京高等師範学校（筑波大学の前身）、同四十二年に研究科を卒業。中国に留学後、東京高等師範付属中学校教諭をへて東京高等師範学校・東京文理大学（いずれも筑波大学の前身）の教授を歴任。この間、三菱の岩﨑彌之助・小彌太父子が二代で設立した静嘉堂《せいかどう》文庫の文庫長、東宮職御用掛をつとめ、昭和三十五年には、都留文科大学初代学長へ就任した。著書は『詩経研究』『儒学の目的と宋儒《そうじゅ》の活動』など多数あるが、三十二年の歳月をかけて完成した『大漢和辞典』（本巻十二巻・索引一巻）は総ページ数約一万五千、収録された親字四万九千九六四字という、世界屈指の大著となった。昭和十九年に朝日文化賞、昭和四十年に文化勲章を受章。昭和五十七年十二月八日、九十九歳で死去。

松下幸之助

功労には禄《ろく》を与えよ、しかし地位は別だ

〝経営の神様〟と称揚された松下電器産業（現・パナソニック）の創業者、松下幸之助は歴史にも造詣が深く、功労のあった者には禄《ろく》を与える、しかし地位は別だ、と言った、西郷の管理観を高く評価している。

たとえば、商売がまったく自分のものであるならば、それはどうしてもいいわけです。しかしこれは公共的なものである、〝私〟の企業といえども本質は社会公共の仕事である、と、こうお考えになれば、そこに勇気も出てきますね。改革も出てきますね。私はそういうところにポイントをおいてお考えになれば、自然に道ができてくると思います。情誼《じょうぎ》なり功労はそれとして認めて、そのうえでやっぱりやる方法がありますね。

西郷隆盛は非常にいい遺訓を残しているんです。それは、国家に功労のあった者には禄《ろく》

を与える、しかし地位は別だ、というんですね。地位は、その地位にふさわしい見識のある者に与えないといかんというんですね。

これが西郷隆盛の国家観であると同時に管理観ですね。私はお互いがもっと参考にせねばならんと思います。

（『松下幸之助の経営問答』PHP総合研究所研究本部編　平成十六年　PHP研究所）

歴世の経営者の中で、〝経営の神さま〟と崇《あが》められ、国民的英雄となり得たのは一人、松下幸之助だけであった。自分たちも刻苦勉励《こっくべんれい》すれば、あの人のようになれるかもしれない、といった夢と希望を、戦後の日本人に与えたのが、根本ではなかったろうか。

この人物が所得番付の第一位に初登場したのは、戦後も昭和三十年（一九五五）のことであった。松下幸之助は生まれつき体格に恵まれず、小柄で痩《や》せており、生涯、多くの病歴に苛まれていた。そうしたハンディをものともせず、昭和二年に「ナショナル」の商標をはじめてつけた角型ランプを考案。これが凄まじい売れ行きを示した。昭和六年には、東京放送局（現・NHK）が標準型受信機コンクールを開催。幸之助はその一等に当選する。「当選号」と名付けたラジオは、飛ぶように売れた。

幸之助はある時、生産者の使命とは何か、を謙虚に考えた。そして、一つの信念にたどりつく。

「それは簡単にいうと、この世の貧しさを克服することである。（中略）たとえば水道の水はもとより価のあるものだ。しかし道端の水道を人が飲んでもだれもとがめない」（『私の履歴書』）

自らの信念を実践すべくがんばろうとした幸之助だったが、日本は軍国主義の台頭とともに、戦火に包まれていく。

敗戦後、GHQ（連合国最高司令部）から財閥指定を受け（昭和二十四年暮に、未解決のまま解除となる）、つづいて公職追放となった。このとき彼は、五十歳であった。経営者としてあぶらののっていた、四十四歳から五十二歳まで、幸之助は戦争に自由を束縛され、追放に追い立てられ、何ら自らの成したいことを成していなかった。

にもかかわらず、昭和二十五年、各種の制限が解かれ、〝松下〟は昭和三十年、二百十億円、従業員一万三千人とほぼ旧に倍した。所得番付で、第一位となった年である。

〝松下〟の成功には戦後、いち早く販売代理店の全国ネットワークシステムを、構築した点が大きかったとされている。強力な販売網をもつ〝松下〟は、「松下イズム」と呼ばれることになる経営哲学によって結ばれていった。

冒頭の文で幸之助は、西郷の公私の区別を評価していたが、彼はこうも言っていた。

「維新の志士の一人である坂本龍馬は、（中略）「西郷さん、あなたは一度こうだと考えると終始一貫、それを守りつづけようとされるが、それでは時代に取り残されてしまいますよ」と忠告したというのですね。この話はほんとうなのかどうかわかりませんが、今日のようなめまぐるしい時代には、西郷さんより竜馬の意見にぼくとしては賛成したいですね」（『人生談義』）
彼らしい、英傑評といえよう。

松下幸之助（まつした・こうのすけ）　一八九四〜一九八九
大正・平成時代の実業家。和歌山県に農家の三男として生まれる。小学校を中退してはたらきはじめ、明治四十三年大阪電灯（現関西電力）に入社。大正六年、改良ソケットを考案、翌年松下電気器具製作所を創業。昭和十年松下電器産業（現・パナソニック）に改組して社長となる。事業部制、連盟店制など独自の経営で「経営の神様」とよばれた。のちＰＨＰ研究所、松下政経塾を創設。

山本七平

日本教の体現者、西郷隆盛

「明治の『近代化』は西郷を排除してはじめて可能だったかもしれぬ」——。多くの人が考えていながら、なかなか口することができなかった一言を、山本は明確に打ち出していた。

彼が何を考え、どのような規範で行動していたか。それを知る一つの手引が「南洲手抄言志録」であり、同時に見過すことのできないのが貝原益軒の影響である。（中略）「大和俗訓」と「南洲遺訓」は符合する点が多い。記録に残る西郷のさまざまな判断を、この「手抄言志録」と対応して調べていくと「なるほど」と思われる例がきわめて多い。……こういう考え方をしていたのは西郷だけではなかったと思う。幕末に日本を訪れたヨーロッパ人の数多くが日本人に一種の共感を抱き、時に賛嘆の声を発したのは、日本人のこの一面に、ローマの哲人の面影を見たからであろうと思う、明治の「近代化」は西郷を排除してはじめて可能だったかもしれぬ。……そしてそれを正確にかつ冷酷に見抜いていたのが大久保であったと思う。征韓論は口実で彼を排除することが大久保の真の目的であったといえば極論かもしれないが、彼が西郷を、去るにまかせ、倒るにまかせたことは否定できない。そして、西郷はおそらくそのことを知っていたであろう。

（『文藝春秋デラックス』所収「翔ぶが如くと西郷隆盛」より「西郷隆盛論」一九七七年　文芸春秋社）

山本七平の歴史論のユニークさは、つとに知られている。毀誉褒貶はあるが、いまなお支持者も多い。厳密にいえば、冒頭の文は「山本七平」名義でなく、「イザヤ・ペンダサン」名義のものであった。が、まず、他者では出てこない視点が含まれていた。

まず、貝原益軒と西郷隆盛を対比したことに、山本の独自性があったように思う。著者は浅学にして、ほかにこうした比較の例を知らない。

貝原益軒は江戸時代前期の福岡藩儒であり、医者でもあった。朱子学からはじめて本草学にも研鑽はおよび、博物的な知識を有した人物で、生涯をつうじ九十八部、二百四十七巻の著述を行った多作家でもある。その内容は、医学、民俗、歴史、地理から哲学、生活訓にまでおよんでいる。山本が引き合いに出した『大和俗訓』は、宝永五年（一七〇八）の教訓書で、儒学道徳をもとに、とりわけ婦女子を対象として、わかりやすく実践倫理を説いたものである。『南洲翁遺訓』も然りであるが、儒学の教えを根底におき、それを平易にかみ砕いていた。

そして山本は、明治の西郷を、近代化社会を前にした、日本的精神の最後の障壁と捉えていた。さらに、イザヤ・ペンダサン名義の自著『日本人とユダヤ人』においては、西郷を「日本教」の体現者として理解していた。

日本の宗教の基本理念は「人間」であり、神学は存在せず、ただ人間が存在する。『南洲翁遺訓』や『南洲手抄言志録』に採録された彼の言葉は、宗教家的なそれであって、政治家のそれではない。こういう言葉は、それを体現し、その言葉を生きてきた人間でなければ口にできない、と述べていた。

じっさい、儒学的な理念で後輩を教導した西郷ではあったが、自身は禅学の影響を、多分に受けていた。結局、西郷の言葉をいかに学んだところで、彼が体験した生死の境をさまよう出来事がなければ、彼のような生き方はできない、という皮肉な現実を、山本は示したともいえる。

山本七平（やまもと・しちへい）一九二一～一九九一

昭和後期の評論家。東京都出身。青山学院高商部卒。同四十五年刊行の、『日本人とユダヤ人』（大宅壮一ノンフィクション賞）が大ベストセラーとなり、著者イザヤ・ベンダサンの訳者であり代理人として登場した。独自の視点から、日本人論を展開し、昭和五十六年、菊池寛賞を受賞した。著作に『日本資本主義の精神』などがある。出版人でもあり、昭和三十三年（一九五八）、山本書店を設立している。

本田宗一郎

西郷隆盛型の偉人の時代は終わった

実に人生の着陸が悪い、と西南戦争に至った西郷の人生の終え方を批判するホンダ（本田技研工業）の創業者は、江戸無血開城は評価しながら、「人として許せない」と、容赦がない。

人生の終りを着陸というのなら、私が死んでいって着陸したときの評価が成功であるのかないのかということが問題なのである。西郷隆盛は実に着陸が悪い。なるほど江戸城明け渡しのときに江戸の市民を大火から救ったのは、すばらしい功績だと思う。（中略）しかし征韓論に敗れてすね者になって郷里の鹿児島に帰り、そして西南の役を引起して何万という若い者を道連れにしたということは、なんとしても着陸が悪い。人間として許せない。そういう人物をいまだ偉人だと称して日本人の心の中にあるということが、非常に危険な思想だと思う。

（『俺の考え』平成八年　新潮文庫）※平成四年四月、実業之日本社刊行の新装版（オリジナルは昭和三十八年刊）の文庫版

アジア・太平洋戦争に敗れた日本が、焦土の中から立ち上がる過程で、その急成長に大きく貢献した企業――松下電器産業（現・パナソニック）、ソニー、そして本田宗一郎の、本田技研工業。これら製造業から出発した企業の経営者は、考え方こそ違ったが、国家と、政府に対して強い不信感をもっていた点では、共通していた。

本田は、松下幸之助のように戦後、公職追放の憂き目には合わなかった。が、戦争の影響を受けないわけはない。戦前の昭和十二年（一九三七）、本田宗一郎は、実績を重ねてきた自動車修理工場事業をさらに拡大すべく、「東海精機」の社長に就任した（それまでの「アート商会浜松支店」は、二年後に従業員へ譲っている）。が、同年七月に中国で勃発した盧溝橋事件以降、支那事変が泥沼化する中で統制経済に移行した日本では、自動車を修理するための材料が、入手しづらくなっていた。

太平洋戦争が勃発すると、トヨタ自動車の下請けをつとめていた「東海精機」には、軍需省の指示により、トヨタ資本が四十パーセントも入ることとなった。本田は、社長を退任する。

戦争の敗色が濃くなり、軍需産業を支えた浜松は、アメリカ軍から容赦ない攻撃を受けた。二十七回もの空爆と艦砲射撃で、旧市内の罹災戸数は三万一千戸、市の人口は被災や疎開などで、昭和十九年当時は十八万七千四百三十三人だったものが、昭和二十年には八万千四百三十七人に激減していた（『浜松市戦災復興誌』）。

冒頭の言葉は、戦争によって国家と政府に翻弄された本田の、強い怒りを感じさせる。終戦後、彼はトヨタとの共同経営を嫌い、自らの持ち株をすべて売り渡し、四十五万円の現金を獲得。本田はこの金をもとに、戦争中の軍が使用していた通信機の小型エンジンを自転車に、補助動力として取りつける「バタバタ」を製造。次なる飛躍へのきっかけをつかんだ。

しかし、ホンダの技術者は、決して人マネをすることを潔《いさぎよ》しとはしなかった。これは本田宗一郎も同じで、どうせ造るならオートバイを造りたい、と彼は考えていた。エンジンの商品化第一号の「ホンダA型」―B型―C型ときて、ついに「ドリームD型」エンジンにいきついた。真紅のボディーをつけたこのD型積載の「ドリーム号」が完成したのが、昭和二十四年八月のことである。

本田は、その後、オートバイから自動車へと事業を広げる。

冒頭の文章は、昭和三十七年にホンダが自動車産業に参入し、同三十九年から自動車レースのフォーミュラ1（F1）に参加する、その狭間の時期に刊行されたものであった。

彼は、語っている。
「今の時点において切れば、うちは成功したといえるかもしれないけれども、人生の終りを着陸というのなら、私が死んでいって着陸したときの評価が成功であるのかないのかということが問題なのである」（前掲書）
このあとホンダは、アメリカのマスキー法（大気汚染防止法）に合格した、低公害エンジン「CVCC」搭載の「シビック」を発売。大躍進を遂げるが、実はこのエンジンは、本田の方針に異を唱えた若手技術者の案が採用され、実現したものだった。「シビック」が発売された昭和四十八年、本田は、右腕であった藤沢武夫の説得によって、社長の座を退く。
「現代の偉人というのは一人のものじゃない。私たちが一つエンジンの性能を上げるといったって、（中略）あらゆる分野が全部寄り集まっていろいろなことをやらないと上がっていかない。
現代の偉人は大衆の偉人であるべきだ。昔のように人の犠牲によって成り立った偉人は断固として排撃すべきである」（前掲書）
明らかに彼は、〝西郷隆盛型の偉人の時代は終わった〟と、宣言していたのである。

本田宗一郎（ほんだ・そういちろう）　一九〇六〜一九九一
戦前・戦後の技術者、実業家。本田技研工業の創業者。静岡県磐田郡光明村（現・浜松市天竜区）に生まれる。高等小学校を卒業後、東京湯島の東京アート商会に奉公して、自動車修理技術を身につける。昭和三年（一九二八）、のれん分けにより浜松アート商会を開業。のち東海精機の社長となるも、戦中に辞任。戦後の昭和二十一年に本田技術研究所、同二十三年に本田技研工業を創業し、オートバイ製造を行う。昭和三十六年、イギリスのマン島のオートバイレースで優勝し、世界に名を馳せる。昭和三十七年、自動車生産に参入した。昭和四十八年、社長を辞して経営の場を離れ、最高顧問についた。

石牟礼道子

名もなき民のまなざし

西南戦争の被害者は、誰であったろうか。哀れな薩軍兵士か、鹿児島の人々か、その家族か。彼らは主要な登場人物であった。その陰にあり、ただただ被災した民衆の存在を、石牟礼は描き出す。

そうこうしてざわざわしておる間に、あの、うでっぽう（大砲）がどろどろ言い出して、やうち（家内）ぐるみ死なんごと、この裏山に逃げ申した。小屋にかぶせた木の枝のあいから見といい申したや、どろどろっと、うでっぽうが鳴り申す。鳴ったと思うたや煙が立つ。煙のあいに、高熊山の方から薩摩の兵隊が、いいあい（家蟻）がとどめいたごとくして下ってゆくのがみえて、朝早くに味噌なんどを取りに下れば、畠の区切りの茶の木の陰に、見るもぐらしか（かわいそうに）よか稚児さんが、まだきんたまに毛も生えんような年の頃の顔をして、たった今死んだばかりに倒れておいやるではごわはんか。それも振り向きざまに手を合わせ、おとろしゅうて、上の小屋にかけのぼるのがやっとの事じゃ。

（『西南役伝説』『石牟礼道子全集・不知火　第五巻』より）

正しくいえば、冒頭の文章は石牟礼道子の西郷評ではない。のみならず、冒頭の語りさえ、話者は石牟礼ではなかった。にもかかわらず、取り上げたのには理由がある。

西南戦争は、西郷の生涯において最後の戦いであり、彼自身を葬り去った戦《いくさ》でもあった。城山に籠った西郷の散り際は、悲劇の名将としての諦観とヒロイズムに充ちており、人々の心を打つ。砲弾、銃弾が飛びくる中、坂を下っていく西郷の周囲は轟音が鳴っていたはずだが、不思議と静寂のイメージがあった。

しかし戦争は、そうしたものではない。攻める側と守る側、その応酬の陰で、ただただ身を潜め、体を伏せ、頭を抱えて嵐が過ぎるのを待った、一般の人々が常に、いたはずであった。その姿を描いたのが、石牟礼のエッセイ『西南役伝説』である。

水俣病を取材した『苦海浄土』を代表作とする石牟礼は、一般に、ルポルタージュ文学の作家として理解されている。が、彼女の代表作を擁する出版社にとっては、必ずしもそうではないようだ。

(『苦海浄土』は)「水俣病」患者への聞き書きでも、ルポルタージュでもない。患者とその家族の、そして海と土とともに生きてきた不知火の民衆の、魂の言葉を描ききった文学」である、と述べられていた。

片や『西南役伝説』には、そこまでの激しさは感じさせていない。

語り手は北薩摩の古老であり、西南戦争の実体験者である。石牟礼は、話者のトーンを崩さず、地元の言葉をそのままに書き起こしていた。取材をはじめたのが昭和三十七年(一九六二)であり、取材相手の最高齢は、百六歳の女性であった。戦争から八十五年の歳月が流れていることで、実体験でありながら、なかば伝説のような響きをもっている。

が、静かな語りの口調でつづられる西南戦争には、その意義さえ知らぬ民衆への、理不尽な仕打ちに充ちていた。

「『伝説』というからには、西南役の経過の個々の事実と合わぬところもあり、伝説化されているゆえに、歴史の真実に触れうる機微をもつ事柄もある。伝説化を探りたいとは最初から思っていて、通常の勉強と、わたし自身が無縁であったことが、そういう衝動になったのかもしれなかった。無学者なので、手織りで、近代百年をさかのぼる庶民像なり、歴史の中の、ある日の、ちいさな村の様相をかいまみてみたいと思っている」(『「西南役伝説」をめぐって』所収、「歴史の中のある日の村を」より)

石牟礼道子（いしむれ・みちこ）　一九二七〜

小説家・詩人。熊本県天草郡河浦町（現・天草市）出身。生後まもなく水俣へ移住。戦後、結婚して家事の傍ら短歌を作る。昭和三十三年（一九五八）、谷川雁主宰の「サークル村」に参加し、本格的な文学活動をはじめる。昭和四十年、「海と空のあいだに」の連載開始。この作品を改題したのが、代表作『苦海浄土』であった。水俣病患者の魂の叫びを描いて大きな反響を呼び、水俣病問題が社会的に注目される契機となった。

三島由紀夫

美とユーモラスに秘められた悲劇

上野の西郷像と対峙した三島は、己れの西郷像をそのまま、西郷にぶつける。それは期せずして、西郷論、明治維新論の枠を超え、日本人論・日本論を語っているように見受けられる。

「西郷さん」

しかしあなたの美しさが、夜あけの光のように、私の中ではっきりしてくれる時が来ました。時代というよりも、年齢のせいかもしれません。とはいえそれは、日本人の心にひそむもっとも危険な要素と結びついた美しさです。この美しさをみとめるとき、われわれは否応なしに、ヨーロッパ的知性を否定せざるをえないでしょう。

あなたは涙を知っており、力を知っており、力の空しさを知っており、理想の脆さを知っていました。それから、責任とは何か、人の信にこたえるとは何か、ということを知っていました。知っていて行いました。

この銅像の持っている或るユーモラスなものは、あなたの悲劇の巨大を逆に証明しているような気がします。(中略)

「三島君」

おいどんはそんな偉物ではごわせん。人並の人間でごわす。敬天愛人は凡人の道でごわす。あんたもそれがわかりかけてきたのではごわせんか?

(エッセイ集『蘭陵王』所収「銅像と対決―西郷隆盛」より　一九七一年　新潮社)


三島由紀夫は、その後半生をナショナリズムへの傾斜で彩った。昭和四十五年(一九七〇)、十一月二十五日に、自衛隊市ヶ谷駐屯地で隊員を前に演説を行い、その後割腹自殺を遂げている。

冒頭のエッセイは、その二年半前、昭和四十三年四月二十三日付の「産経新聞」に、「銅像との対話―西郷隆盛」として発表されたものであった。

三島がどの程度、西郷の人生と人物を理解していたかは、つまびらかには知られていない。が、西郷像と著者自身との対話のスタイルをとったこのエッセイからは、西郷隆盛――というよりは、その側近である村田新八を含めて——が希求した、もう一つの明治維新、西洋文明の模倣ではない、日本的な維新の可能性を考えるとき、三島が西郷像の語りのスタイルを借りて書いたことが、あながち情緒からくるもののみではないことを、感じさせる。

また、西郷像をとおして、その人物の悲劇性のみならず、内在するユーモラスさをも読み取っていたのは、西郷の生い立ちと、薩摩武士ならではの死に対する明るさ、軽妙さをも、直感的に理解していたように思われる。

さらには、その問いかけに、西郷自身による否定でこたえたそのセリフは、生身の人間がもっている不完全さを示しているように思われ、〝人間・西郷隆盛〟と真摯に向き合おうとした三島の姿勢が、うかがえる。

三島由紀夫（みしま・ゆきお）　一九二五～一九七〇
昭和後期の小説家。東京生まれ。本名は平岡公威《きみたけ》。昭和二十四年（一九四九）、『仮面の告白』で作家としての地位を確立、古典的様式美とエロティシズムを探究した。のち、ナショナリズムに傾倒し、結社「楯《たて》の会」を結成。昭和四十五年十一月二十五日、自衛隊市ヶ谷駐屯地において、隊員に決起をうながす演説をするも支持を受けず、のち切腹した。享年四十六。作品には中篇小説『金閣寺』『豊饒の海』、戯曲に『鹿鳴館』などがある。

主要参考文献一覧

『『南洲翁遺訓』に訊く――西郷隆盛のことば』加来耕三　平成二十九年　河出書房新社
『西郷隆盛と薩摩士道』加来耕三　平成十年　高城書房
『西郷南洲遺訓　附　手抄言志録及遺文』山田済斎編　昭和十四年　岩波文庫
『代表的日本人』内村鑑三　昭和二十三年　岩波書店
『西郷従道』安田直　明治三十五年　国光書房
『大久保利通文書　第九』大久保利和編　昭和四年　日本史籍協会
『逸事史補』松平慶永　昭和四十三年　人物往来社
『明治聖上と臣高行』津田茂麿編　昭和四十五年　原書房
『橋本景岳全集一』昭和五十二年　東大出版会
『大西郷全集』昭和二年　平凡社
『西郷隆盛全集』昭和五十二年　大和書房
『改訂増補　西郷隆盛関連文献解題目録稿』野中敬吾編　昭和五十三年
『西郷南洲翁大画集』昭和二年　大西郷追頌会
「史談会速記録」第十一輯　明治二十六年
『島津久光公実紀　第一』明治四十三年　島津公爵家編輯所
『西郷隆盛謫居事記』明治三十一年　有馬家文庫
『種子島』井元正流　平成十一年　春苑堂出版

『勝海舟全集第十四巻』昭和四十九年　勁草書房
『岩倉具視関係文書　第七』昭和四十四年　東大出版会刊
『一外交官の見た明治維新　上』アーネスト・サトウ　坂田精一訳　昭和三十五年　岩波文庫
『昔夢会筆記　徳川慶喜公回想談』徳川慶喜　大久保利謙校訂　昭和四十一年　平凡社東洋文庫
『岩倉具視関係文書第七』昭和四十四年　東大出版会刊
新聞「日本」明治二十四年四月五日付
『明治天皇紀　第四』昭和四十五年　吉川弘文館
『山田狐義伝』昭和三十八年　日本大学編　日本大学
『自由党史　上巻』板垣退助監修　昭和三十二年　岩波文庫
『日本及日本人　南洲号』「南洲翁の苦衷」明治四十三年九月号
『日本及日本人』「西郷南洲の思想系統」　大正十五年一月号
『山県公のおもかげ附追憶百話』入江貫一　大正十一年　偕行社編集部
『大隈侯昔日譚』松枝保二編　大正十一年　報知新聞社出版部
『伊藤侯井上伯山県侯元勲談』中央新聞社編　明治三十三年　博文館
『青淵回顧録　上巻』渋沢栄一　昭和二年　青淵回顧録刊行会
『大西郷秘史』田中万逸　大正三年　武侠世界社刊
『谷干城遺稿　上巻』島内登志衛編　大正元年　靖献社刊
『惣四丁丑公論緒言』福澤諭吉　明治十年十月二十四日
『幸徳秋水』「兆民先生」幸徳秋水　昭和四十五年　中央公論社刊

『日本及日本人南洲号』「大木の伐り跡」　明治四十三年九月
『木堂清話』犬養毅著菊池暁汀編　大正五年　弘学館刊
『鴻爪痕』前島密・市島謙吉編　大正九年　前島会刊
『回顧録』牧野伸顕　昭和五十二年　中公文庫
『松濤閑談』　昭和十五年　創元社
『綺堂むかし語り』「西郷星」岡本綺堂著　平成七年　光文社文庫
『蒼海遺稿』佐々木哲太郎編　明治三十八年　私家版
『武士道』新渡戸稲造著　矢内原忠雄訳　昭和十三年　岩波文庫
『明治維新三大政治家』「大久保利通論」　昭和五十年　中公文庫
『北一輝著作集　第二巻』「支那革命外史序」　昭和三十四年　みすず書房
『日本における兵士と農民』Ｅ・Ｈ・ノーマン著　陸井三郎訳　昭和二十二年　白日書院
『改訂増補　日本精神の研究』「西郷南洲の政治思想について」安岡正篤　一九七二年　玄黄社
『童心録』「南洲とマ元帥」新村出　昭和二十一年　靖文社
毎日新聞　昭和四十一年三月六日付「勇気あることば」　諸橋轍次
『松下幸之助の経営問答』ＰＨＰ総合研究所研究本部編　平成十六年　ＰＨＰ研究所
『文藝春秋デラックス』「西郷隆盛論」山本七平　昭和五十二年　文芸春秋社
『俺の考え』本田宗一郎　平成八年　新潮文庫
『石牟礼道子全集・不知火　第五巻』「西南役伝説」　平成十六年　藤原書店
『蘭陵王』「銅像と対決―西郷隆盛」三品由起夫　昭和四十六年　新潮社

井手窪　剛　（イデクボ　ゴウ）

昭和47年、愛媛県上《かみ》浮《う》穴《けな》郡久《く》万《ま》高《こう》原《げん》町生まれ。大阪外国語大学（現・大阪大学）デンマーク・スウェーデン語学科卒業。全国歴史研究会本部常任理事。歴史研究家として、歴史書籍の著作、企画編集に携わり、講演・テレビ等でも活躍。著書に、『日本武術・武道大事典』（共著・勉誠出版）、『歴代 日本の総理大臣』（ブティック社）、『そのときどうした!? クイズ歴史英雄伝シリーズ』（ポプラ社）、『時代小説「熱烈」読者ガイド』（共著・講談社）などがある。

私《わたし》の西郷《せご》どん

2017 年 11 月 30 日　第 1 版第 1 刷発行

著　者　井手窪《いでくぼ》 剛《ごう》
発行人　宮下研一
発行所　株式会社方丈社
〒 101-0051
東京都千代田区神田神保町 1-32　星野ビル 2F
Tel.03-3518-2272 ／ Fax.03-3518-2273
http://www.hojosha.co.jp/
装丁デザイン　ランドフィッシュ
印刷所　中央精版印刷株式会社

ISBN978-4-908925-23-8